Paule Picard

Liebe, Zoff und Zärtlichkeit

HERDER / SPEKTRUM
Band 4545

Das Buch

Ein beschwingter, charmant unbeschwerter Beziehungsratgeber für alle Lebenslagen. Keine psychologisch nach allen Seiten hin analysierende Partnerschafts-Grübelei, sondern leichte, pikant und appetitlich zubereitete Kost. Aus praktischen Alltagserfahrungen entsteht ein Buch, das alle möglichen Stolpersteine des partnerschaftlichen Zusammenlebens ins Visier nimmt und zeigt, wie man sie umgehen kann. Mit viel Humor, Witz und Gelöstheit werden Einsichten und Lösungen anschaulich gemacht: Beim Umgang mit Geld zum Beispiel oder bei unterschiedlichen Auffassungen in der Kindererziehung oder wenn Ordentlichkeit und Schlamperei aufeinanderprallen. Bei Differenzen, die sich an den Haaren in der Dusche genauso entzünden können wie an der offenen Zahnpastatube oder auch bei religiösen Fragen: zwischen Mann und Frau, zwischen zwei so verschiedenen Wesen liegen oft Welten. Daß dazwischen die Liebe der beiden wächst und gedeiht, blüht und lebendig bleibt, ist Anliegen der Autorin. Ein realistisches Buch, das Optimismus verbreitet, Freude am Zusammenleben fördert und die Paarbeziehung stabilisieren hilft.

Die Autorin

Paule Picard, geb. 1946, Ausbildung an einer Journalismushochschule. Seit nunmehr 26 Jahren ist sie verheiratet, Familienmutter und dabei als Journalistin tätig. Lebt in Paris.

Paule Picard

Liebe, Zoff und Zärtlichkeit

Der kleine Beziehungsratgeber für alle Lebenslagen

Aus dem Französischen
von Uta Bergès

Herder

Freiburg · Basel · Wien

Gedruckt auf umweltfreundlichem,
chlorfrei gebleichtem Papier

Titel der Originalausgabe: „Concerto pour un duo"
Mit freundlicher Genehmigung der *Editions Dangles*

Satz: Fotosetzerei G. Scheydecker, Freiburg im Breisgau
Herstellung: Freiburger Graphische Betriebe 1997
Umschlaggestaltung: Joseph Pölzelbauer
Umschlagmotiv: Peter Gaymann
ISBN 3-451-04545-1

Inhaltsverzeichnis

Vorwort

Der Weg zu einer glücklichen Zweierbeziehung

Leider gibt es keine Wundermittel für ein glückliches Leben zu zweit. Sonst wären Begriffe wie Scheidung und Trennung schon längst aus unserem Wortschatz verschwunden. Immer wieder hört man, daß Erfahrungen nicht übertragbar seien. Doch wenn auch letztendlich jeder selbst versuchen muß, die einer glücklichen Zweierbeziehung abträglichen Hindernisse aus dem Weg zu räumen, so können Ratschläge durchaus nützlich sein. Sie bereiten einen besser auf Schwierigkeiten vor, die sich einem im gemeinsamen Leben zwangsläufig auftun.

Es ist nicht möglich, alle gefährlichen Klippen des Paarlebens glimpflich zu umschiffen, jedoch gibt es einige einfache Regeln, die es einzuhalten gilt. Sie helfen, so manchen Fallen aus dem Wege zu gehen und Dissonanzen zwischen den Partnern zu vermeiden. Diese stehen schließlich zu ihrer Zweierbeziehung – und suchen das gemeinsame Glück.

Das Bemühen um Gleichberechtigung zwischen den Geschlechtern und feministische Bewegungen haben in den letzten Jahren die Beziehung zwischen Frau und Mann ordentlich durcheinandergerüttelt. Ob man diese Veränderungen nun gutheißt oder nicht, jedenfalls haben sie Konsequenzen auf das Zusammenleben von Mann und Frau gehabt. Entscheidend ist, daß uns heute die Orientierungspfeiler fehlen. Seit einem Vierteljahrhundert leben wir in einer Situation, in der wir ständig improvisieren müssen, weil es uns an Anhaltspunkten mangelt.

1. Sich ergänzen statt miteinander zu konkurrieren

Die früheren Generationen haben als Paare so gelebt, daß beide Partner sich nach einem genauen Schema ergänzten. Beide haben sich sehr gewandelt, und viele tendieren heute dazu, das Verhältnis zwischen Mann und Frau als Konkurrenzverhältnis zu sehen. Deswegen ist es in jeder Hinsicht notwendig, die Geschlechterrollen neu zu definieren.

Nie ist das Leben zu zweit einfach gewesen. Ähnlich wie im musikalischen Duo gilt es, zwei unterschiedliche Instrumente aufeinander abzustimmen, sie manchmal sogar nachzustimmen, um zu einem harmonischen Zusammenspiel zu finden. Leider erscheint es utopisch, diese Harmonie ununterbrochen aufrechtzuerhalten.

Das männliche und das weibliche Prinzip sind schon immer dazu bestimmt gewesen, sich aufeinander zu beziehen, und doch bleiben sie sehr wohl voneinander unterschieden. Es gibt in der Tat wenige objektive Gründe dafür, daß ein Geschlecht über das andere dominieren sollte. So ist z.B. das Wort Liebe im Deutschen weiblich, während die französische Bezeichnung männlichen Geschlechts ist.

2. Wie man das Verb *„lieben"* konjugieren kann

Was einen Mann und eine Frau eines schönen Tages dauerhaft zusammenführt, ist das *Sich-Verlieben*.

Im Wörterbuch stehen unter anderem folgende Definitionen:

- für jemanden ein tiefes Gefühl und eine heftige Bindung an ihn empfinden,
- für jemanden eine intensive Zuneigung empfinden, die auf Zärtlichkeit und physischer Anziehung beruht.

Auf die Gefahr hin, bei den Sprachpuristen auf Widerstand zu stoßen, könnte man auch sagen, daß das Verb *„lie-*

ben" zu denen gehört, die sich am unregelmäßigsten konjugieren lassen. Aber es reicht nicht, das Wort nur zu definieren.

Es im täglichen Leben in die Praxis umzusetzen, stellt sich als wesentlich schwieriger heraus. Selbst wenn man erfolgreich zu sein glaubt, kann man sich seiner Sache nicht sicher sein. Die Partie geht immer weiter. Sollte sie wider Erwarten irgendwann doch beendet sein, gibt es keine Gewinner, sondern nur zwei Verlierer.

Lieben meint eben nicht nur zwei parallele Blicke in die gleiche Richtung, sondern die Fähigkeit, sich in die Augen zu schauen und den anderen immer wieder in Erstaunen zu versetzen. Zum Lieben gehört auch die Fähigkeit zu einer wohlwollenden, sprich zärtlichen Hellsichtigkeit.

3. Eine seltsame Addition

Das Paar verkörpert eine seltsame Summe, die nicht entgegen mathematischer Grundsätze bestimmt werden sollte. Wenn manche Romantiker auch behaupten, daß aus zwei sich liebenden Wesen ein einziges wird, und selbst wenn das manchmal zutrifft, so währt diese Symbiose in der Regel nur eine begrenzte Zeit.

Zu zweit leben heißt, dafür zu sorgen, daß die Summe besagter Addition 1 + 1 auch 1 + 1 bleibt. Das heißt, daß zwei Individuen nicht miteinander verschmelzen, sondern sich ergänzen, ihre eigene Identität bewahren, und daß die Liebe dabei ihren gemeinsamen Nenner darstellt.

Auch Liebe und Humor ergänzen sich. Denn Humor wird gebraucht, um Abstand zu gewinnen und das Schlimmste zu vermeiden, wenn sich die üblichen Spannungen am Horizont abzeichnen.

Wie in der Musik erfordert die Harmonie im partnerschaftlichen Duo viel Arbeit und Willenskraft. Mann und

Frau müssen nicht nur ihr Know-How, sondern auch ihr Herz einbringen. Nur so werden sie ihre Partitur nicht jedesmal identisch herunterspielen und werden beide lange – vielleicht immer – die Lust aufs Zusammenspiel bewahren.

4. Wie wird man ein glückliches Paar?

Eine Zweierbeziehung hat gute Chancen auf eine glückliche Zukunft, wenn die Tage sich nicht gleichen und niemand voraussagen kann, wie der kommende Tag aussehen wird. Keiner sollte den anderen dominieren, sondern ihm im Gegenteil ermöglichen, sein Bestes zu geben. Das gilt für alle Lebensbereiche, auch für das berufliche Fortkommen. So ermutigt der eine den anderen, wobei keiner seine eigene Persönlichkeit oder seine Bedürfnisse verleugnet. Das ist zwar weder selbstverständlich noch einfach, aber es ist möglich.

Lassen Sie es uns noch einmal betonen: Wir haben kein unfehlbares Rezept für ein glückliches Leben zu zweit anzubieten. Man sollte sich nicht auf Wunder verlassen. Vielmehr fordert das Paarleben wechselseitige Zugeständnisse, einen gesunden Menschenverstand, Großzügigkeit und eine Mischung aus Bescheidenheit, Selbstwertgefühl und eine Messerspitze Egoismus.

Auch jene manchmal so heilsamen Beziehungskräche – die Gewitter am Liebeshimmel – gehören dazu.

Wir möchten Ihnen mit unserem Buch helfen, als Paar glücklich zu leben, und zwar unabhängig davon, ob Sie verheiratet sind oder nicht. Wir möchten mit diesen Seiten dazu beitragen, daß Sie die mit dem Leben zu zweit verbundenen Schwierigkeiten bewußter wahrnehmen und sie einfacher überwinden. Immer wieder werden wir auf scheinbare Selbstverständlichkeiten verweisen und einfache Ratschläge geben, die sie problemlos in die Praxis umsetzen können.

Was Sie brauchen, ist eigentlich nur ein bißchen guten Willen und … viel Liebe!

Kapitel 1

Schwierigkeiten in der Partnerschaft

Mehr als die Hautfarbe unterscheidet die Menschen wohl ihre Zugehörigkeit zu dem einen oder dem anderen Geschlecht.

Frauen und Männer scheinen wirklich einer unterschiedlichen Rasse anzugehören. Das gilt nicht nur für ihre äußere Erscheinung! Auch wenn sich beide glücklicherweise ergänzen, erscheint ihre Denkungsart und ihr Verhalten oftmals vollkommen konträr. Gerade die Verschiedenartigkeit der Reaktionen ist es, die für die gegenseitige Anziehung sorgt, wie bei den beiden Polen eines Magneten.

Unabhängig von unserer Erziehung sind wir sehr unterschiedlich, sogar in der Art und Weise, wie wir mit harmlosen Problemen umgehen.

Wenn eine Frau mitteilt, was sie gerade beschäftigt, wünscht sie sich, daß man ihr Verständnis und Zärtlichkeit entgegenbringt. Der Mann wird eher dazu tendieren, zu zeigen, daß er allein und ohne Hilfe zurechtkommt.

Nachfolgend führen wir einige Beispiele an, die wir im Prinzip alle aus unseren Beziehungserfahrungen kennen. Im nachhinein muß man meist über die Situationen lächeln, aber sie symbolisieren aufs beste die berühmten Unterschiede zwischen männlichen und weiblichen Reaktionen.

♥

1. Wenn einer ein Wehwehchen hat

Wenn eine Frau ihrem Mann sagt: „Ich habe Kopfschmerzen", dann antwortet er ihr oftmals in geistesabwesendem Ton: „Dann nimm doch ein Aspirin." Damit ist für ihn das Problem abgetan, die Lösung gefunden. Die Reaktion kommt schnell, sie ist logisch und wirksam, aber das Ganze mangelt ein bißchen an Zärtlichkeit, zumindest an Aufmerksamkeit. Dabei würde den Mann nichts mehr beunruhigen als die Vorstellung, daß seine Frau tatsächlich krank wäre. Aber das zeigt er natürlich nicht.

Wenn ein Mann seiner Frau mitteilt: „Ich habe Kopfschmerzen", wird sie zunächst voller Mitgefühl nach den Gründen suchen. Dann schaut sie nach einem passenden Medikament und bringt es – sozusagen schluckfertig – ihrem Mann. Dabei nervt ihn kaum etwas mehr als solch ein mütterliches Gehabe.

Deswegen verheimlichen so viele Männer ihre Wehwehchen, nehmen stillschweigend eine Tablette und sind so lange schlecht gelaunt, bis die Arznei zu wirken beginnt. Das wiederum beunruhigt die Frau, sie stellt ihrem Mann weitere Fragen, und er wird immer gereizter...

Die Frau reagiert so, weil sie sich im Grunde wünscht, daß ihr Mann gleichermaßen auf sie eingehen würde. Aus Scheu vermeidet sie Bitten wie: „Nimm mich in die Arme, und alles wird besser gehen." Die Arznei, die sie braucht, findet man in keiner Apotheke: ein zärtliches Wort, ein Blick, eine Hand, die ihre nimmt, eine schützende Schulter. All dies versucht sie dem anderen zu geben, ohne zu merken, daß dieser gar nicht erpicht darauf ist.

Der Mann, der seiner Frau anscheinend kein Mitgefühl entgegenbringt, folgt einem anderen Verhaltensschema. Wider alle Erwartungen rührt es nicht von Gleichgültigkeit her, sondern ist mit nicht zugegebenen Ängsten verbunden.

Er legt sich die Wahrheit zurecht, weil er sich nicht vorstellen will, daß seine Frau ernstlich krank sein könnte. Eigentlich ist es ja lieb von ihm.

Wie dem auch sei. Alle Frauen werden Ihnen sagen, daß ein Mann sich beim geringsten Schnupfen bereits dem Tode nahe fühlt. Alle Männer werden hingegen behaupten, daß die Frauen ihre Leiden ausmalen, ohne etwas dagegen zu unternehmen. Beide haben nicht unrecht und liegen in ihrer Beurteilung nicht sehr weit von der Realität entfernt. Jedoch gibt es selbstverständlich auch hier einige Ausnahmen...

2. Männer- und Frauenverhalten

Ein anderes Beispiel, das sicher vielen von Ihnen bekannt ist: Der Mann sitzt am Steuer und seine Frau neben ihm auf dem Beifahrersitz. Sie sind zum ersten Mal bei Freunden in deren neuem Haus zum Abendessen eingeladen. Trotz einer Wegbeschreibung haben sie sich verfahren und fahren nun im Kreis. Die Zeit drängt, denn sie sind schon zu spät.

Die Frau sagt: „Schau, da kommt jemand, halt an, ich frag ihn nach dem Weg."

„Quatsch", antwortet der Mann, „wir werden schon zurechtkommen."

Eine Viertelstunde später wiederholt die Frau ihren Vorschlag, woraufhin der Mann ihr antwortet: „Die Leute antworten doch sowieso nur irgendwas. Auch wenn sie den Weg nicht kennen, tun sie so, und wir verlieren noch mehr Zeit."

Die Frau ist überzeugt, daß ihr Mann unrecht hat. Sie glaubt, daß man den Leuten vertrauen kann und daß sie gegebenenfalls ihr Unwissen zugeben würden. Sie hat sich schon öfter in einer ähnlichen Situation befunden und sich nie geniert, nach dem Weg zu fragen.

Der Mann denkt, daß seine Frau wirklich allen anderen mehr Vertrauen schenkt als ihm und will ihr zeigen, daß er auch allein in der Lage ist, sie zum gewünschten Ziel zu bringen.

Gott sei Dank, findet man die Adresse in solchen Situationen dann doch irgendwann. Man entschuldigt sich beieinander und lächelt, wenn auch etwas spannungsgeladen. Aber wehe, wenn die Frau den Gastgebern gegenüber ihre Verspätung rechtfertigen will und erzählt, ihr Mann habe sich verfahren. Sie läuft Gefahr, den ganzen Abend zu verderben.

Auch hier will der Mann beweisen, daß er ohne Hilfe auskommt, während die Frau beteuert, daß es in bestimmten Fällen besser ist, um Rat zu fragen, statt sich aufzuregen und zu spät zu kommen. Was nicht heißt, daß sie sich nicht auch allein zurechtgefunden hätte. In diesem konkreten Fall erweist eben sie sich als die Schnellere und Zielbewußtere.

Keiner von beiden versteht das Verhalten des anderen und kann es akzeptieren, da es ihm nicht einleuchtend erscheint.

Man könnte meinen, daß sich Männer schnell erniedrigt fühlen, wenn sie an die Hilfe eines dritten appellieren, während Frauen so etwas absolut normal finden, zumal sie ihre Überlegenheit in dieser Form nicht unter Beweis zu stellen brauchen.

Wenn in einer gemütlichen Runde ähnliche Anekdoten erzählt werden, sind die Reaktionen bezeichnenderweise sehr verschieden. Wenn Sie noch nie darauf geachtet haben, hören Sie sich derartige Geschichten einmal aufmerksam an, und achten Sie vor allem auf die Schlußfolgerungen: Männer verfahren sich nie – alte Binsenweisheit. Und Frauen fehlt es bekannterweise an Orientierungssinn, das weiß doch jeder...! Achtung! Provozieren Sie derartige Diskussionen nur, wenn Sie mit humorvollen Freunden zusammensitzen. Sonst werden sich schneller als gedacht die Gemüter erhitzen.

3. Glück im Spiel, Pech in der Liebe

Ein anderes Beispiel: Johanna, Katharina und Tobias spielen Bowling. Alle drei sind zwanzig Jahre alt. Tobias gewinnt die ganze Zeit. „Ja sag mal", ruft Katharina, „du hast ja ein Mordsglück. Da sieht man's wieder: Glück im Spiel, Pech in der Liebe."

Tobias erwidert: „Ach, die kann doch machen, was sie will, solange ich dafür gewinne." Das Blatt wendet sich, und jetzt macht Johanna Punkte. Alle sind erstaunt, und Katharina ruft: „Ja hast du denn auch ..." Johanna erwidert sofort: „Nur nicht, lieber verliere ich, als mir anhören zu müssen, daß ich Pech in der Liebe habe."

4. Zu Hilfe, Schatz!

Es ist schon seltsam, wie Männer von Welt vor ihrem Kleiderschrank auf einmal ganz hilflos erscheinen.

Welche Frau hat nicht schon diesen Satz gehört: „Schatz, weißt du, wo mein blaues Hemd geblieben ist?" Sie seufzt oder lächelt innerlich, verkneift sich genervte oder ironische Bemerkungen und antwortet: „Sicherlich da, wo es immer liegt. Schau halt nach, du wirst es schon finden." Aber nein, obgleich es genau vor seiner Nase liegt, findet er es nicht, genausowenig wie den Schlüssel, der immer am gleichen Platz hängt, das Papier, das grundsätzlich im Schreibtisch liegt, außer wenn er es kurz vorher in den Fingern hatte ...

Während er keinen Fremden nach dem Weg fragen will, zögert er keineswegs, seine Frau zu Hause ständig wegen immer gleicher Probleme zu nerven.

Umgekehrt wird die Frau den Mann nur in den seltensten Fällen um Hilfe bitten, außer zum Beispiel beim Handwerken, einer traditionell männlichen Domäne. Obwohl einige Frauen resolut entschieden haben, sich auch dieses Gebiet zu erobern, wenn das nicht schon längst geschehen ist…

Vergleichbare Verhaltensstrukturen treffen wir bei jüngeren Paaren seltener an, weil sie sich nach und nach von den Gewohnheiten befreien, die die Frau ausschließlich im Haushaltsbereich tätig sehen wollen. Früher sollten die Frauen das Alltagsleben organisieren, während die Männer sich um den Rest kümmerten. Das führte so weit, daß manche Frauen nie gelernt haben, auch nur einen Scheck auszufüllen …

Auch ohne auf ein extremes Beispiel zurückzugreifen, wird klar, wie problematisch es ist, sich von jahrhundertealten Traditionen zu befreien.

♥

Das Leben zu zweit bietet zahllose Situationen dieser Art. Man muß sie mit einem Minimum an Humor angehen, auch wenn sie einem zu schaffen machen oder nervenaufreibend sind.

Handelt es sich nicht letztendlich um Feuerproben, um Kraft und Intensität Ihrer gegenseitigen Liebe zu testen?

Kapitel 2

Vorher – Nachher

Sie: Es ist kaum zu fassen, wie sehr du dich verändert hast. Manchmal frage ich mich, ob ich noch mit dem Mann lebe, den ich vor vier Jahren kennengelernt habe.

Er: Komisch, ich habe gelegentlich genau den gleichen Eindruck.

Sie: Das stimmt aber nicht!

Er: Warum sollst du denn recht haben? Ich habe nicht das Gefühl, mich geändert zu haben. Zumindest nicht, was die wichtigen Dinge anbelangt.

Sie: Ich weiß nicht, wie ich es dir erklären soll, aber du bist einfach nicht mehr der gleiche ...

Er: Frag dich doch lieber mal, ob du vielleicht nicht mehr die gleiche bist.

♥

Den anderen kennnenlernen ist zweifelsohne eine besonders schwierige Angelegenheit. Solange Sie nämlich nicht zusammengelebt haben, kennen Sie das wahre Gesicht Ihres Partners nicht.

1. Liebe macht blind

Sie haben sich bereits ein paarmal verabredet, und jeder hat versucht, sich von seiner besten Seite zu zeigen, den anderen anzulächeln und ihm einen sehnsüchtigen Blick zu schenken – frei jeder äußeren Beeinträchtigung. Von Zahnschmerzen, Migräne oder gar schlechter Laune war nicht die Rede. Er (oder sie) kam manchmal etwas oder sogar ziemlich zu spät, aber Sie fanden immer eine wohlwollende Entschuldigung. Die Minuten des Wartens erschienen wie Stunden, Ihre Einbildung ging mit Ihnen durch, und innerlich ließen sie bereits einen Katastrophenfilm abspulen. Wenn dann aber der (oder die) Langersehnte endlich auftauchte, waren Sie bereit, alles zu vergessen und zu entschuldigen. Es kam sogar vor, daß Sie sich für Ihr frühes Kommen entschuldigen wollten.

Aus der Zeit bevor Sie zusammengezogen sind, bewahren Sie Erinnerungen an wilde Liebesnächte, Frühstücksgelage in trauter Zweisamkeit und verliebte, von der Nacht gezeichnete tiefe Blicke. Nie war abends die Rede von Müdigkeit oder erschöpfenden Arbeitstagen, und keiner wollte ins Bett schlüpfen, um schnell einzuschlafen.

In dieser Zeit gönnten Sie sich sogar gelegentlich ein gemeinsames Wochenende. Achtundvierzig Stunden zu zweit – der Inbegriff des Glücks. Im nachhinein erinnern Sie sich natürlich, daß er (oder sie) ein bißchen zu pingelig war, aber was machte das damals schon. Um gefällig zu sein, haben Sie eben ausnahmsweise Ihre Sachen nicht überall im Zimmer verteilt, sondern haben sich ums Aufräumen bemüht und nichts herumliegen lassen. Er (oder sie) hatte zwar alles bis ins Detail geplant, obgleich Sie gerne spontan entscheiden, aber so haben Sie eben ausnahmsweise keine unnütze Zeit vertan. Er (oder sie) wollte mit Ihnen ins Museum gehen, obgleich Sie ursprünglich von einem romantischen Spaziergang am Strand geträumt hatten. Da Ihr Partner im Grunde recht hatte, überlegten Sie sich, daß Sie schon längst mal wieder was für die Kultur tun wollten …

2. Wenn die Jahre verstreichen ...

Nun ja, ein Wochenende ist eben nicht das ganze Leben. Was man nur zu gern zwei Tage lang erträgt, wird im Laufe der Jahre unerträglich. Plötzlich wird aus dem Traumprinzen ein Ehemann, und die schöne Prinzessin wird wieder zum Aschenputtel.

Zu Hause sitzend und grimmig in der Suppe löffelnd, erinnern Sie sich mit Nostalgie und Bitterkeit daran, wie sie damals in der Normandie diese herrliche Meeresfrüchte-Platte verspeist haben. Jetzt denken Sie insgeheim, daß Sie schon damals hätten mißtrauisch werden sollen... Im Grunde hatten Sie so manches gespürt, aber nichts wahrnehmen wollen. Die verliebten Anfangszeiten sind nie – oder selten – synonym mit Klarsichtigkeit. Sie verleiten uns Menschen eher zu einer Art Vogelstraußpolitik: Kopf in den Sand und nichts sehen.

Trotz alledem wollten Sie mit ihm (oder ihr) zusammenziehen. Nach und nach hat sich Ihr Blick für den anderen verändert, ist realistischer, jedoch nicht unbedingt weniger verliebt geworden. Wenn man erst in der gemeinsamen Wohnung lebt, lassen die gegenseitigen Bemühungen ganz unbewußt nach, weil jeder das Gefühl hat, nicht mehr mit der gleichen Intensität um den anderen kämpfen zu müssen.

❀ **Eine goldene Regel:**
Behalten Sie immer im Hinterkopf, daß Situationen nie endgültig sind, schon gar nicht, wenn es dabei um Liebe geht.

Sie leben also zu zweit und entdecken am anderen Seiten, die Sie sich so nicht vorgestellt hatten. Selbstverständlich geht es Ihrem Partner ähnlich, denn auch er hat bisher nur einen Teil Ihrer Persönlichkeit kennengelernt.

Den Partner im Alltag zu erleben, kann enttäuschend sein, aber auch angenehme Überraschungen mit sich bringen. Um sich die Sache einfacher zu machen, müßte man fähig sein, sich vorzustellen, mit einem Unbekannten zusammenzuziehen. Das wäre gar nicht so an den Haaren herbeigezogen. Auch würden so Erinnerungen an Momente glücklicher Leidenschaft mögliche Enttäuschungen der Gegenwart nicht länger in besonders krassem Licht erscheinen lassen. Jeder wäre eher dazu bereit, gute und schlechte Seiten des Partners tatsächlich auseinanderzuhalten. Nur zu oft will man „vorher" nur die Qualitäten sehen, so daß „nachher" fast zwangsläufig die „Fehler" sichtbar werden.

Damit diese Ihre Partnerschaft nicht ernstlich bedrohen, und Ihre Liebe überlebensfähig bleibt, sollten Sie sich bezüglich Ihres Herzallerliebsten (oder Ihrer Herzallerliebsten) folgendes fragen: „Sind wir zum Gespräch fähig?" Selbst wenn man sich wirklich liebt, kann es vorkommen, daß man nicht miteinander kommunizieren kann und deswegen kein wirklicher Austausch stattfindet. Natürlich sind einem in den euphorischen Anfangszeiten derartige Überlegungen sehr fern. Aber können Sie sich vorstellen, nach Wochen, Monaten, ja Jahren des Zusammenlebens den Eindruck zu gewinnen, mit einem Fremden unter einem Dach zu leben, nur weil Sie es nicht geschafft haben, miteinander zu kommunizieren?

Wenn man sich für eine Beziehung nur das Beste wünscht, ist es natürlich schwierig, solche Fragen zu formulieren. Dennoch handelt es sich um wichtige Fragen, und bevor Sie sich für ein Leben zu zweit entscheiden, sollten Sie nach ehrlichen Antworten darauf suchen:

- *Was haben wir gemeinsam?*
- *Was verbindet uns abgesehen von diesem wunderbaren Gefühl des Verliebtseins?*
- *Welches sind unsere Gesprächsthemen?*

- *Haben wir ein ähnliches Bild von der Zukunft?*
- *Habe ich wirklich Lust, mit meinem Partner zusammen alt zu werden?*

Wenn man jung ist und am Beginn einer schönen Liebesgeschichte steht, mag man an solche Dinge nicht denken. Und natürlich soll man optimistisch bleiben, aber ohne sich dabei etwas vorzumachen. Man liebt nicht weniger, weil man sich Fragen stellt! Man gibt sich nur mehr Chancen, keinen Irrtum zu begehen. Eine starke und echte Liebe muß Fragen aller Art aushalten, Zweifel ausräumen und über jeden Verdacht erhaben sein.

Kapitel 3

Wichtige und unwichtige Anlässe für Streitereien

Sie: Guten Morgen, Schatz. Hast du gut geschlafen?
Er: Ja.
Sie: Gibt es was, worauf du zum Abendessen besonderen Appetit hättest?
Er: Weiß nicht.
Sie: Wirst du spät nach Hause kommen?
Er: Hm!
Sie: Bitte denk daran, Hans anzurufen.
Er: Hm!
Sie: Naja, während du fertig frühstückst, mache ich mich fertig.

Später:

Er: Ich mache mich gerade fertig. Weißt du, wo mein blaues Hemd geblieben ist?
Sie: Keine Ahnung, such es halt. Ich bin unter der Dusche.
Er: Beeile dich, ich muß auch ins Bad.
Sie: Ich bin fast fertig.
Er: Hoffentlich, gestern wäre ich nämlich fast zu spät gekommen!

♥

Zu zweit leben erfordert nicht nur beiderseitige Zugeständnisse, sondern auch einen soliden Organisationssinn. Nur so kann man den „Fallstricken" des Alltagslebens entgehen, die sich einem schon am frühen Morgen stellen.

1. Das Frühstück

Wenn Sie beide mit ähnlicher Laune vor Ihrer Kaffeetasse sitzen, können Sie sich glücklich schätzen. Alles ist in Ordnung, … doch das ist eher selten.

Stellen Sie sich nun einmal vor, Sie würden beim Kaffeetrinken gerne etwas plaudern, während Ihr Partner nur seine Ruhe haben will. Das ist keine geschlechtsspezifische Angelegenheit, sondern eine Frage des Temperaments. Keiner wird behaupten, daß Frauen zu dieser frühen Stunde gesprächiger sind als Männer oder umgekehrt.

Es kann jedoch sein, daß Sie schon morgens einen heißen Mitteilungsdrang verspüren. Sie gehören zu den wenigen Personen, die nicht gleich nach dem Rasseln des Weckers wieder in den weichen Tiefen des Kopfkissens verschwinden. Sowie Sie einen Fuß vor das Bett gesetzt haben, fühlen Sie sich fit und bereit, den neuen Tag anzugehen. Nun ist es aber so, daß Ihr Partner es nicht erträgt, daß man ihn anspricht, bevor er richtig wach ist. Auf eine Frage erwidert er höchstens mit einem undeutlichen Grunzen, dessen Sinn Sie nur erahnen können.

Wenn Sie weiterhin das Gespräch suchen, werden Sie Seufzer zu hören bekommen, „Jaja" oder ein gereiztes „Laß mich doch die Nachrichten hören", weil Ihr Partner in dem Moment das Radio nämlich besser ertragen kann als Ihre Stimme. Das paßt Ihnen zwar nicht, aber Sie müssen einsehen, daß das Radio im Gegensatz zu Ihnen keine Fragen stellt und keine größere Aufmerksamkeit erfordert.

Können Sie einsehen, daß Ihnen das Schweigen Ihres Partners wohl mißfällt, es Sie aber nicht umbringt? Umgekehrt wirft Ihre Stimme ihn (oder sie) im negativen Sinne aus den Bahnen, obwohl er (oder sie) Sie liebt. Es handelt sich hier um Gewohnheiten, die sich leider auch mit der Zeit für keinen von beiden ändern. Die frühen Plauderer, wie auch die Schweigsamen, sind in ihrem Verhalten meist unkorrigierbar!

❀ **Eine goldene Regel:**
Wenn auch jeder die Persönlichkeit des anderen respektieren soll, wäre es in diesem Falle angebracht, die des Schweigsamen zu beachten, um ihm nicht gleich den ganzen Tag zu vermasseln.

Sollte es Ihnen wirklich rasend schwer fallen zu schweigen, so sollten Sie leise sprechen, wie wenn Sie alleine wären. Erwarten Sie keine Reaktionen vom anderen und schon gar nicht, daß er (oder sie) Ihnen zuhört oder gar antwortet. Das ist eine Sache, die Sie von Anbeginn Ihres Zusammenlebens begreifen und akzeptieren müssen. Denn wenn jeder in den ersten Tagen oder Wochen so tut, als würde er den anderen verstehen, so ist das nicht von Dauer, plötzlich werden die Morgenstunden ungemütlich.

Für Fragen wie: „Ist irgend etwas? Bist du sauer?" ist jetzt nicht der richtige Zeitpunkt. Spielen Sie auch nicht die Naive (oder den Naiven) und behaupten: „Ich weiß, daß du ein Morgenmuffel bist, ich wollte dir aber trotzdem sagen..." Wenn er (oder sie) Sie dann mit Blicken tötet, wissen Sie jedenfalls warum. Die Laune Ihres Partners entspricht nicht Ihrer eigenen Verfassung, und er (oder sie) braucht eben einige Minuten mehr, um sich Morpheus Armen zu entreißen. Versuchen Sie, den Unterschied zu akzeptieren.

Viele Paare brauchen Jahre, um einsichtig zu werden, und manche schaffen es nie! Um diesen Qualen zu entgehen, entscheiden sich einige, ihr Frühstück getrennt voneinander einzunehmen. So sitzt dann jeder einzeln und schweigsam vor seiner Tasse. Das kann doch nicht die richtige Lösung sein!

> ❀ **Eine goldene Regel:**
> **Vermeiden Sie morgendliche Diskussionen, denn sie können Ihnen den ganzen Tag verleiden.**

Es ist so. Wenn einer von beiden sich beim Wachwerden schwer tut, kann er Fragen schlecht aushalten. Er wird womöglich irgendwelche Antworten hinschleudern und sogar böse reagieren, nur um die Diskussion so schnell wie möglich zu beenden.

2. Im Badezimmer

Leider haben wenige Paare die Chance, eine Wohnung mit zwei Badezimmern zu bewohnen. Keiner kann heute mehr behaupten, daß die Frauen sich stundenlang im Badezimmer aufhalten, während die Männer sich in wenigen Minuten fertigmachen. Berufstätige Frauen haben selten Zeit, sich in aller Ruhe im Bad zurechtzumachen, während die Männer mehr und mehr Zeit auf ihre Körperpflege verwenden. Ein Blick auf die Regale für Schönheits- und Körperpflege in den Kaufhäusern wird Sie von der Richtigkeit dieser Behauptung überzeugen.

Die Morgentoilette erweist sich also als zweite mögliche „Falle" in unserem partnerschaftlichen Zusammenleben. Einem „Laß mich jetzt doch mal ins Bad, sonst komm ich zu spät", folgt meist eine bissige Antwort oder ein Schulterzucken. Sich als Nackedeis am Waschbecken zu drängeln, um die Zähne zu putzen, ist auch nicht gerade angenehm und in keiner Weise verführerisch.

Auch hier ist es unerläßlich, ein Arrangement zu finden, um diese Morgenstunde so reibungslos wie möglich zu gestalten. Mit einem bißchen guten Willen können Sie, liebe Leserin, sich in einem anderen Zimmer schminken oder

Sie, lieber Leser, sich woanders rasieren (vorausgesetzt, Sie benutzen einen elektrischen Rasierer). Sie könnten z.B. an einer gut beleuchteten Wand Ihres Schlafzimmers einen Spiegel anbringen.

> ❀ **Eine goldene Regel:**
> **Versuchen Sie, gleich in den ersten Tagen Ihres Zusammenlebens eine für beide zufriedenstellende Alltagsorganisation zu bestimmen. Denn die ersten regelmäßigen Gesten und Abläufe werden schnell zur Gewohnheit.**

3. Ordnungsliebe kontra Schlamperei

Es wird Zeit sich anzuziehen. Warten Sie nicht bis kurz vorm Gehen, um Ihrem Partner zu sagen, daß seine Krawatte nicht zum Hemd paßt oder um Ihrer Partnerin zu erklären, daß die Farben von Bluse und Rock sich beißen. Der Zeitpunkt wäre erdenklich schlecht gewählt, wenn keine Zeit zum Umziehen bleibt, und er (oder sie) es *Ihnen* verübelt, schlecht angezogen zu sein oder gar, sich für den Rest des Tages unwohl zu fühlen.

Ein kritischer Kommentar just bei der morgendlichen Verabschiedung ist doch nun auch wirklich keine glänzende Idee. Wenn es gerade in Momenten der Trennung häufig zu derartigen Mißstimmungen kommt, kann das für die Liebe tödlich sein – auch wenn man sich ja am Abend wiedersieht. Schließlich kann man nie wissen, was passiert. Gerade wenn er (oder sie) wütend auf Sie ist, kann ihm (oder ihr) die nette Ausstrahlung und die Sanftmut eines oder einer anderen besonders auffallen …

❀ **Eine goldene Regel:**
Nehmen Sie sich Zeit, Ihren Partner nach dem Ankleiden anzuschauen. Ein bißchen Zärtlichkeit, bevor man morgens aus dem Haus geht, kann niemandem schaden.

Um sich anziehen zu können, muß man seine Sachen natürlich finden können.

Auch wenn man in einer winzigen Einzimmerwohnung zusammenlebt, gilt folgendes Gebot:

❀ **Eine goldene Regel:**
Sorgen Sie dafür, daß jeder sein Regal oder seinen Schrank hat, wo er seine Kleidung verstauen kann.

Das ist aus zwei Gründen wichtig: erstens bleibt Ihnen viel Nerverei erspart, weil Sie Ihre Socken nicht zwischen denen des anderen suchen müssen, und zweitens haben Sie beide vielleicht nicht die gleichen Ordnungsvorstellungen.

Wenn Sie Ihren Schrank teilen, wird der Ordentlichere sich immer in Vorwürfen ergehen, weil die Sachen nicht mehr am gleichen Platz liegen oder sogar Sachen in Unordnung gebracht worden sind.

Sind Sie eher ein Befürworter von Montaignes Devise *Die Unordnung ist die natürliche Ordnung der Dinge*, können Sie sicher gehen, daß Sie automatisch für jeden verschwundenen Strumpf verantwortlich gemacht werden, auch wenn Sie völlig unschuldig sind. Wehren Sie sich, auch wenn das zu einem kleinen Ehekrach führt. Ihr Partner wird so ein für allemal kapieren, daß Sie nicht bereit sind, die Opferrolle zu übernehmen, wenn Sie unschuldig sind. Das ist nur rechtens!

Wenn Sie natürlich nur Ihre eigenen Sachen in Unordnung bringen, wird der andere Ihnen schlecht Vorwürfe machen können. Ihr Partner beobachtet Sie selbstgefällig, wie Sie verzweifelt in Ihrem Kleiderwust nach einem Pulli suchen und schließlich ein verknittertes Etwas zum Vorschein bringen, obwohl Sie geschworen hätten, den Pullover ganz ordentlich in den Schrank gepackt zu haben. Was macht das schon? Schlimmstenfalls ernten Sie ein ironisches Lächeln oder eine sarkastische Bemerkung. Oder Ihr Partner ergötzt sich an Ihrem erstaunt-enttäuschten Gesichtsausdruck. Na und?

Fangen Sie nur ja nicht an, auf der Suche nach einem verlorengegangenen Teil im Schrank des anderen herumzuwühlen. Fragen Sie ihn (oder sie) lieber, ob er (oder sie) das für Sie machen könnte. Auch wenn Sie a priori zu hören bekommen: „Also nein, das geht jetzt nicht!" Punktgewinn für Sie, wenn Ihr Partner Ihnen einige Tage später das Stück anbringt und Sie fragt: „Was hat das denn da zu suchen?" Vergessen Sie in diesem Kleinkrieg bitte nicht, ein wenig Humor an den Tag zu legen. Wenn beide Partner nicht die gleichen Ordnungsvorstellungen haben, ist Sinn für Humor angesagt, sonst wird das Durcheinander schnell zu einem Stein des Anstoßes.

Was können Sie tun, wenn Sie peinliche Ordnung lieben und jedes Objekt seinen festen Platz in der Wohnung hat, während Ihr Partner diesen Dingen überhaupt keine Beachtung schenkt?

- Natürlich können Sie sich weigern, ihm (oder ihr) immer alles nachzuräumen. Sie können auch ausharren, bis er (oder sie) die Nase voll hat vom eigenen Chaos. Aber das kann lange dauern, und Ihnen wird die Sache nach einer Weile zu bunt. Sie räumen doch wieder auf, was der andere als ganz normal empfinden wird. Schließlich fühlen ja nur Sie sich von der Unordnung gestört.
- Sie können sich auch dafür entscheiden, das Aufräumen grundsätzlich zu übernehmen und dafür sorgen, daß alles an seinem Platz ist. Sie brauchen jedoch viel guten

Willen und einen unendlichen Optimismus, um dieser Last jeden Tag ohne Aggressionen und mit einem Lächeln auf den Lippen nachzukommen. Langfristig laufen die ordnungsliebenden Individuen jedoch Gefahr zu verbittern, und das Gefühl permanenter Dienstbeflissenheit macht sie dann immer ungeduldiger.

- Sie können das Durcheinander auch so lange belassen, bis Freunde oder Familienmitglieder ihren Besuch ankündigen. Vielleicht wird er (oder sie) angesichts des häuslichen Chaos so etwas wie Scham empfinden und sich dazu durchringen, Ordnung zu schaffen. Geben Sie sich jedoch keinen Illusionen hin: Er (oder sie) wird nur das Sichtbare verstecken und die Unordnung von einem Zimmer ins andere verlagern.

Wenn Sie bei jedem Strumpf, jeder herumliegenden Zeitung schimpfen und kritische Bemerkungen machen oder sich entrüsten, weil der Kugelschreiber wieder mal nicht an seinem gewohnten Platz liegt, so vergeuden Sie nur Ihre Energie. Der andere wird sich einige Tage Mühe geben, sein Naturell bekämpfen wollen, aber dieses wird doch immer wieder Oberhand gewinnen.

Er (oder sie) hat Ihnen die Rolle des Aufräumens nicht bewußt zugeschoben (das gibt es allerdings auch). Vielmehr scheint Unordnung schon in seinen (oder ihren) Genen angelegt zu sein.

Das ist wieder so eine Sache, der man sich erst bewußt wird, wenn man zusammenlebt.

Leider gibt es keinen Impfstoff gegen den natürlichen Drang zum Chaos. Wenn Sie deswegen nicht ins Jammern kommen wollen, gibt es nur eine Lösung: Sehen Sie ein, daß Sie daran nichts verändern können, auch wenn Sie sich noch so darüber ärgern.

Unordnung würde man eher als Manie bezeichnen und sie darum nicht der Kategorie der Charakterschwächen zuzählen. Versuchen Sie realistisch zu bleiben: Sie werden

Ihren Partner genauso wenig zur Ordnung bringen, wie er (oder sie) Ihnen die Unordnung als Beweis für ein beseeltes Heim verkaufen kann.

4. Ein harter Tag!

Sie sitzen noch in Ihrem Büro, räumen Ihre Sachen weg, und schon denken Sie daran, wie es jetzt weitergeht. Der Tag war fürchterlich anstrengend. Tausend kleine Probleme waren aus dem Weg zu schaffen, und wenn es auch nichts Dramatisches war, so hat es Sie doch Zeit und vor allem Energie gekostet. Sie fühlen sich schlapp und sind glücklich, endlich nach Hause zu kommen, wo Sie mit jemandem über Ihre Sorgen sprechen können.

Wenn er (oder sie) dann aber wirklich heim kommt, gibt's die große Enttäuschung. Sie fangen an zu erzählen, haben aber den Eindruck, daß Ihr Partner Ihnen überhaupt nicht zuhört. Er (oder sie) hat ebenfalls einen harten Tag hinter sich und überhaupt keine Lust, „übers Büro" zu sprechen. Wieder keine Hoffnung auf Rat und Stütze.

♥

5. Entschuldige, ich habe überhaupt keinen Appetit

Der Tag geht zu Ende... Wir haben schon über das feierabendliche Wiedersehen gesprochen. Aber zuvor haben Sie Ihr Büro verlassen, sich Gedanken über das Abendbrot gemacht und sind erst noch auf die Schnelle einkaufen gegangen. Obwohl Sie eigentlich nur noch Lust hatten, sich in einen gemütlichen Sessel zu hocken, um sich dort auszuruhen... Wirklich, manchmal beneiden Sie die Singles. Oder Sie überlegen sich, wie es gewesen wäre, wenn Sie mit jemandem zusammenleben würden, der wie Sie keinen Wert aufs Abendessen legt.

Na gut, Sie haben sich nun mal für ein Leben zu zweit entschieden, und der (oder die) andere ist ein ewig Hungriger. Es heißt also, nicht lange bummeln und so schnell wie möglich das Essen vorbereiten. Sonst stehen Sie spät vom Eßtisch auf und fallen gleich anschließend ins Bett!

Er (oder sie) kommt nach Hause und ist, wie Sie, völlig erschlagen. Plötzlich fällt der fatale Satz: „Ich hoffe, du hast zum Abendessen nichts Besonderes vorgesehen. Ausnahmsweise habe ich heute abend überhaupt keinen Appetit." Also so was, Sie verstehen die Welt nicht mehr und denken: „Hätte ich mich doch nur nicht so gehetzt. Rühreier hätten's auch getan." So etwas heimlich zu denken ist eine Sache, es Ihrem Partner offen vorzuwerfen eine andere.

Nehmen Sie die Situation mit Gelassenheit, und denken Sie daran, daß es kein dreckiges Geschirr geben wird und daß Sie sich am nächsten Tag nicht über das Abendbrot den Kopf werden zerbrechen müssen. Vermeiden Sie Vorwürfe wie: „Du hättest mir doch Bescheid sagen können", oder: „Ich bin genauso müde wie Du, und trotzdem habe ich mir die Mühe gemacht". Das bringt gar nichts, und womöglich vermasseln Sie sich – unnötigerweise – den Abend.

> ❀ **Eine goldene Regel:**
> **Bereuen Sie nie, sich Mühe gegeben zu haben, um dem anderen einen Gefallen zu tun, auch wenn es kein Volltreffer war und Sie darum etwas enttäuscht sind.**

6. Verdammter Fernseher!

Nach dem Abendessen sehen Sie vielleicht gerne ein bißchen fern. Eine neue „Falle" tut sich auf. Wer entscheidet über das Programm und mit welcher Berechtigung? Er (oder sie) möchte den angekündigten Western sehen, während Sie sich gerne eine Show-Sendung anschauen würden, die zur gleichen Zeit auf einem anderen Sender läuft. Ein echtes Dilemma, vor allem, wenn Sie keinen Videorecorder besitzen.

Wie kann man sich hier einigen? Sie können sagen: „Du weißt, wie sehr ich Western hasse." Man wird Ihnen antworten: „Und ich habe schon immer Show-Sendungen verabscheut!" Hätten Sie nicht vielleicht ein Alternativprogramm zur Wahl, das Ihnen beiden gefallen könnte? Nein? Dann muß wohl oder übel einer von Ihnen nachgeben. Am besten abwechselnd. Stöbern Sie die Fernsehzeitung durch. Sie werden bemerken, daß schon bald wieder eine Sendung vorgesehen ist, die nur einem von Ihnen gefallen wird.

Vielleicht akzeptieren Sie an diesem Abend, sich etwas anzuschauen, was Ihnen nicht gefällt, dafür werden Sie das nächste Mal wählen. Natürlich geht es nicht, daß immer der gleiche nachgibt.

Andere Lösungsvorschläge:
- Lassen Sie den anderen doch seine Sendung anschauen. Nutzen Sie die freie Zeit, um ein Kreuzworträtsel zu lösen, Papierkram zu erledigen, einen Brief zu beantworten oder mit Freunden zu telefonieren. Vielleicht werden Sie Ihrem Partner letztendlich dankbar sein – für die anders verbrachte Zeit.
- Schlagen Sie vor, den Fernseher ganz auszuschalten, und denken Sie sich eine ganz andere Beschäftigung aus.
- Schauen Sie sich im voraus das Programm an, und wenn absehbar ist, daß Sie sich nicht auf ein Programm werden einigen können, schlagen Sie für den besagten Abend einen Kinobesuch vor oder sagen Sie Ihrem Partner, daß Sie Lust haben, auswärts essen zu gehen.

❀ **Eine goldene Regel:**
Gewöhnen Sie sich nicht an, Ihren Partner allein vor dem Fernseher hocken zu lassen, während Sie bereits schlafen gehen.

Beim einen wie beim anderen kann diese „Halb-Abwesenheit" das Gefühl hochkommen lassen, Abende einsam verbracht zu haben und das Bedürfnis entfachen, sie woanders zu verbringen...

Denken Sie nicht, daß dies unbedeutend ist. Den Abend nicht von sich aus zu beenden und ihn statt dessen mit Ihrem Partner zu verbringen, ist wie ein Beweis, daß Sie wirklich zusammenbleiben wollen.

7. Wochenenden und Urlaub

Es ist schön, Reisen gemeinsam zu organisieren. Das heißt aber, daß beide die gleichen Landschaftstypen mögen. Wenn einer lieber in die Berge fährt, während der andere das Meer oder dörfliches Ambiente bevorzugt, wird die Wahl schnell zum Streitthema. Sie können sich höchstens vornehmen, Ihre Entscheidungen immer abwechselnd zu treffen. Es gibt bezüglich der Freizeitplanung eine noch viel problematischere Situation: das Bedürfnis nach Ruhe und Einsamkeit. Ist Ihnen schon einmal der Gedanke gekommen, daß Sie gerne einmal ein paar Tage allein verbringen würden? Wenn ja, machen Sie sich nur keine Vorwürfe. Ihr Verhalten ist absolut normal. Irgendwann stellt es sich ein, dieses Bedürfnis, sich davonzumachen und ein oder zwei Tage frei jeglicher Alltagszwänge zu verbringen.

Dabei müssen Sie nur bedenken, daß Ihr Partner Ihre Motivationen nicht immer richtig einschätzt. Ohne ihn (oder sie) wegzufahren heißt für ihn möglicherweise, mit einem anderen (oder einer anderen) zu verreisen. Sie werden mit Fragen bombardiert, auf die Sie keine Antwort zu geben wissen: Warum? Wohin? Mit wem? Was ist denn mit dir los? Kannst du mir eine Telefonnummer hinterlassen, wo ich dich erreichen kann?...

Warum?: Im Grunde wissen Sie es selbst nicht. Um herauszukommen, ganz einfach, und ohne jeden Hintergedanken.

Wohin?: Das haben Sie sich überhaupt noch nicht überlegt. Zehn oder tausend Kilometer entfernt, das ist Ihnen völlig gleich.

Mit wem?: Natürlich mit niemandem. Das ist ja der Punkt. Aber das ist schwer zu beweisen. Und wehe, er (oder sie) würde es überprüfen. Welch unverzeihlicher Vertrauensbruch.

Was mit Ihnen los ist?: Nichts. Die Lust auf Tapetenwechsel. Weiter nichts. Ohne irgend jemand, der Ihnen sagt: „Du mußt, ... du sollst", ohne aufzuräumen, ohne sich zurechtzumachen, ohne einzukaufen und ohne lächeln zu müssen...

Eine Telefonnummer hinterlassen: Ja, natürlich, um Sicherheit zu vermitteln. Dabei haben Sie ganz gegenteilige Gelüste. Sie wollen abschalten, im übertragenen wie im bildlichen Sinne. Sie wollen sich den Luxus gönnen, für niemanden erreichbar zu sein. Sie wollen nur für sich selbst dasein, ohne den Blick des anderen auf sich zu spüren. Wie können Sie das anstellen? Versuchen Sie, mitzuteilen, was Sie bewegt. Wenn Ihr Partner Sie nicht versteht, warten Sie einen passenderen Moment ab, um ihm (oder ihr) Ihren Standpunkt begreiflich zu machen.

Wenn Sie das unbestimmte Gefühl haben, Ihre Partnerschaft könnte in Mitleidenschaft gezogen werden, verzichten Sie lieber auf Ihr Projekt. Aber seien Sie nicht beleidigt oder schnippisch. Werfen Sie ihm (oder ihr) nun nicht ständig vor, Sie um einige freie Tage betrogen zu haben oder Sie nicht zu verstehen. Die Bedrohung für Ihren Partner wäre dann nämlich quasi genauso groß, wie wenn Sie wirklich wegfahren würden. Verzichten Sie mit Wohlwollen, und suchen Sie nach guten Gründen, sich in der Nähe Ihres Partners wohl zu fühlen.

Sollten Sie eine derartige Rückzugserfahrung nie gemacht haben, denken Sie bitte daran, daß die Rückkehr und die Wiedergewöhnung an das Leben zu zweit manchmal recht schwierig sind. Ein weiterer Grund, sich solch ein Unternehmen zweimal zu überlegen.

8. Der verfluchte Papierkram

Wer kümmert sich um das, was man gemeinhin den „Papierkram" nennt? Bedauerlicherweise ist es erwiesen, daß Frauen nach dem Tod ihrer Männer oftmals überhaupt nicht wissen, wie ihre Männer die administrativen Angelegenheiten des Paares erledigt hatten. Immer noch sind es oft die Männer, die diese Art Aufgaben übernehmen.

> ❀ **Eine goldene Regel:**
> **Lernen Sie, den häuslichen „Papierkram" gemeinsam zu verwalten.**

Denken Sie daran, daß Sie kurzfristig alleine dastehen könnten, ohne daß dies vorhersehbar gewesen wäre: wegen einer Reise, nach einer Trennung, Scheidung oder gar nach dem Tod des Partners. Jeder muß zum Beispiel in der Lage sein, einen Brief von der Versicherungsfirma, den Elektrizitätswerken oder des Finanzamtes zu beantworten.

Wenn sich ausschließlich einer von beiden um den Papierwust kümmert, passiert es zu häufig, daß der andere sich überhaupt nicht mehr dafür interessiert. Mit Not erklärt er sich bereit, die gemeinsame Steuererklärung an vorgesehener Stelle mit zu unterschreiben.

Wenn Sie diesen Plackereien ausweichen, wie wollen Sie dann aber reagieren, wenn man Ihnen plötzlich irgendwelche Ausgaben vorwirft? Sie sind ja über Ihre eigene Buchhaltung nicht auf dem Laufenden! „Ich gebe aus, du zählst nach", ist eindeutig die falsche Devise. Erst recht, wenn Sie ungern über diese Dinge sprechen. Irgendwann muß doch übers Geld gesprochen werden, und dann kommt es zu Reibereien.

Es ist einfach normal, daß die administrativen Verantwortlichkeiten aufgeteilt werden. Nicht zuletzt geben sie der Person, die sie übernimmt, so etwas wie Macht oder Gewicht, weil sie das Gefühl vermitteln, die Zügel in der Hand zu halten und unentbehrlich zu sein …

Daß es immer einen gibt, dem diese Dinge einfacher von der Hand gehen, ist durchaus normal. Hingegen ist es weniger normal, daß der andere sich überhaupt nicht mehr dafür interessiert. Seltsamerweise wird der, der sich in eine Sache eingearbeitet hat, sie auch allein zu Ende führen wollen, eben weil er die daraus gewonnen „Vorrechte" nicht zu teilen beabsichtigt. Wenn Sie der (oder die) andere sind, müssen Sie also darauf bestehen und sich in das einmischen, was sie de facto etwas angeht!

9. Hund oder Katze

Sie werden gepflegt und umzärtelt, die Haustiere. Und dennoch geben sie Anlaß zu Streitigkeiten. Der eine wünscht sich eine Katze, während der andere unbedingt einen Hund im Haus aufnehmen will. Die Streitereien ziehen sich über

Tage hin. „Wenn wir einen Hund nehmen, wer geht dann mit ihm ‚Gassi'? Wenn wir eine Katze haben, wer wird die Kratzer auf dem Sofa reparieren?" Am Ende ist es das Paar, das sich wie Hund und Katz miteinander verhält. Wenigstens sind sie sich über einen Punkt einig: Sie wollen beide ein Haustier. Immerhin. Ein erster Schritt auf dem Weg zur Einigung.

Vorausgesetzt, daß Sie sich wirklich lieben, wird der erste, der sein Traumtier gefunden hat, sich mit seiner Wahl durchsetzen. Er muß das Tier natürlich gut „erziehen", um kein zusätzliches Streitmaterial zu liefern.

Der kleine Vierbeiner, den Sie sich so erhofft hatten, kann auch als wunderbares Geburtstagsgeschenk bei Ihnen Einzug halten. Das wäre ein echter Liebesbeweis. Vergessen Sie dann nicht, dankbar ihre Freude zu zeigen …

10. Wer hat das Sagen?

All diese kleinen Anlässe zu Streitereien werfen folgende Frage auf: Wer entscheidet was und wann? Letztendlich ist das aber unwichtig. Hauptsache, jeder fühlt sich in seiner Rolle wohl.

Nur sehr selten bestimmt in einer Zweierbeziehung ein Partner alles. Selbst ohne Absprache gibt es Verantwortungsbereiche, die den Frauen, andere, die den Männern zufallen. Und diese Aufteilung entspricht nicht unbedingt den gewohnten Schemata.

Über manche Paare muß man – von außen betrachtet – richtig schmunzeln: Offenbar ist die Frau das dominante Element und bestimmt. Bei näherer Beobachtung zeigt es sich jedoch, daß die Frau entgegen allem äußeren Anschein geradezu unterwürfig ist.

Es kann als sicher gelten, daß das Leben zu zweit für alle Paare die gleichen Hindernisse birgt. Unsere Aufgabe ist es, den besten Weg zu finden, diese Steine aus dem Weg zu räumen. Vom Aufstehen bis zum Schlafengehen müssen wir vermeiden, Routine aufkommen zu lassen, und vom Schlafengehen bis zum Aufstehen am nächsten Morgen heißt es, am Ende der Nacht keine verdrießlichen Gefühle entstehen zu lassen.

Vorausgesetzt, daß niemand leidet oder sich erniedrigt fühlt, ist es vollkommen gleichgültig, wer in einer Partnerschaft die Zügel in der Hand hält. Idealerweise verhielte sich jeder wie die „graue Eminenz" des anderen und vermittelte ihm das Gefühl, alle Entscheidungen frei zu treffen. Dabei könnte jeder mit Zartgefühl die Wahl des anderen mit beeinflussen. Wir haben es hier wahrscheinlich mit der subtilsten Form von „Paar-Alchimie" zu tun. Zu den Ingredienzen gehören: ein Höchstmaß an Liebe, Bemühen, diplomatischem Handeln und Osmose.

♥

Das gemeinsame Schlafengehen! Eine weitere „Falle" des Paarlebens ... die letzte des Tages. Aber das ist eine andere Geschichte, der wir uns an anderer Stelle in einem gesonderten Kapitel widmen!

Wenn Sie all diesen strittigen Themen nicht mit Humor entgegentreten, können sie auf lange Sicht zu einer echten Bedrohung für Ihre Paarbeziehung werden. Die kleinen Alltagsquerelen führen leider nur zu oft – und schneller als gedacht – zu den großen Trennungen. Versuchen Sie, diese Tatsache nicht aus den Augen zu verlieren.

Kapitel 4

Szenen ja, aber…

Die weibliche Version:

Sie: Also, nein! Jetzt reichts. Immer bist du es, der das Fernsehprogramm bestimmt!

Er: Sag mal, was ist denn mit dir los. Sonst bist du doch einverstanden und meckerst nicht…

Sie: Ich bin überhaupt nicht einverstanden. Bis jetzt habe ich nur immer alles akzeptiert. Aber jetzt habe ich die Nase voll!

Er: Okay, Okay, sag mir halt, was du dir anschauen willst. Du brauchst nur zu wählen.

Sie: Das ist mir wurscht! Ich will nur, daß du mich fragst, daß du mich anschaust, mich, *verstanden? Und daß du kapierst, daß es mich gibt!*

Er: Na, das weiß ich doch…

Sie: Stimmt nicht! Du lügst! Für dich gibt es mich überhaupt nicht mehr! Kannst du mir vielleicht noch sagen, was ich dir zum Abendbrot gereicht habe, als du angefangen hast, dein Fußballspiel anzuschauen?

Er: Ja, natürlich. Es hat sehr gut geschmeckt.

Sie: Sag mir, was du genau gegessen hast.

Er: Das ist doch egal! Ich hab dir doch gesagt, daß es gut geschmeckt hat!

Sie: Siehst du, du weißt es nicht mehr. Es ist dir gleichgültig. Das nächste Mal gibts Hundefutter!

Er: Du spinnst ja wohl!

Sie: Nein, überhaupt nicht. Und überhaupt, schau doch weiter in die Glotze, ich gehe jetzt schlafen!

Die männliche Version:

Er: Ach, schon wieder Tiefgefrorenes!

Sie: Ich hatte keine Zeit, einkaufen zu gehen.

Er: Also wirklich, ich versteh' nicht, wie du deine Zeit planst. Meine Mutter war immer durchorganisiert.

Sie: Aber ich bin nicht deine Mutter!

Er: Das kann ich nur bestätigen. Niemals hätte sie uns so etwas vor die Nase gesetzt. Und sie hat auch gearbeitet.

Sie: Gearbeitet hat sie. Aber um Punkt fünf Uhr war Feierabend.

Er: Wenn du nur wolltest, könntest du um sechs Uhr abends Schluß machen.

Sie: Stimmt nicht. Nicht, wenn ich wollte, sondern wenn ich könnte.

Er: Irgendwann wirst du zwischen mir und deiner Arbeit wählen müssen.

Sie: Du hast sie ja wohl nicht mehr alle!

Er: Ich mein' es ernst. Und damit du Bescheid weißt, es dauert nicht mehr lange. Entscheide dich, mir langt es nämlich zu sehen, wie du dich für deinen Chef mehr ins Zeug legst als für mich.

Sie: Ja sag mal, du bist ja wohl eifersüchtig!

Er: Ich fange nur an, mir ein paar Fragen zu stellen, das ist alles! Und jetzt habe ich keinen Hunger mehr, ich gehe schlafen. Gute Nacht!

Die meisten Psychologen werden es Ihnen bestätigen: Ehekräche sind oft heilsam und nützlich.

Ein glückliches Leben zu zweit ist nicht gleichbedeutend mit immer eitel Sonnenschein. Zu viel Milde könnte Ihre Beziehung nämlich auch irgendwann langweilig werden lassen. Gewitter gehören wie Sonnenschein zum Stimmungsbarometer eines Paares. Die Luft wird dann gereinigt, wenn die Atmosphäre zu angespannt und drückend geworden ist.

1. Beziehungskräche: eine echte Kunst!

Es geht nicht darum, wegen allem und jedem einen Streit vom Zaun zu brechen. Sonst verliert das Ganze seine Wirkungskraft. Es gilt auch, sich in Ton und Gestik zu kontrollieren. Ganz richtig: Wir sprechen von Gestik. Eine Umfrage hat ergeben, daß etwa 15 Prozent der Ehekräche in Handgreiflichkeiten enden. Nichts, aber auch nichts rechtfertigt einen derartigen Gewaltausbruch, egal ob seitens des Mannes oder der Frau. Toben ja, schlagen nein!

Man weiß nie so richtig, wie es angefangen hat... Es scheint jedoch, daß Frauen eher zu Streitreaktionen neigen als Männer. Manchmal wird eine simple Bemerkung zum Auslöser, obwohl es doch gar nicht so gemeint war. Die Kritik kommt zu einem ungünstigen Zeitpunkt, und plötzlich sieht der Betroffene rot. Oder das Schweigen des anderen wird unerträglich. Damit der Partner zuhört, oder besser noch, um sich Aufmerksamkeit zu verschaffen, scheint nur noch eines möglich zu sein: zu schreien oder zornig aufzubrausen. Das bringt Sie zwar auch nicht weiter, aber immerhin können Sie Luft ablassen...

Achtung: Einen Krach ausfechten heißt auch, daß jeder weiß, bis wohin er gehen kann, ohne daß es zu einer Katastrophe kommt. Gehen Sie nicht türenschmeißend aus dem Haus, wenn Sie nicht sicher sind, daß er (oder sie) sich hinterherstürzt, um Sie zurückzurufen.

Was würden Sie nach einigen Stunden des blinden Umherirrens machen, vor allem, wenn Ihnen Ihr Stolz verbietet, nach Hause zurückzukehren und Sie zu allem Überfluß ohne einen Pfennig in der Tasche losgezogen sind.

Ein Krach in der Beziehung kann durchaus von Nutzen sein. Es wird tabula rasa gemacht, so daß keine Verbitterung aufkommt oder sich Unausgesprochenes anhäuft.

Zu Beginn des Partnerlebens handelt es sich bei den Auseinandersetzungen eher um verliebte Streitereien. Jeder testet den anderen und versucht, dessen Widerstandskraft und Grenzen einzuschätzen. Das eigene Revier wird abgesteckt. Man hat Lust, den anderen ein bißchen anzustacheln und will ihn nicht wirklich in Zorn versetzen. Fast ist es ein Spiel. Zudem ermöglicht es beiden Partnern, bestimmte Spielregeln aufzustellen, die vorher noch nicht festgelegt waren.

Aber die Zeit vergeht ... und die Streitereien verwandeln sich in echte Szenen der Herausforderung. Der kritische Punkt ist womöglich erreicht, und das Faß ist übergelaufen. Vielleicht ist das Paar inzwischen auch erwachsen geworden und hat etwas von seiner Spontaneität eingebüßt.

Derjenige, der den Krach ausgelöst hat, hat sich Luft gemacht. Dennoch ist Vorsicht geboten. Schließlich steht etwas auf dem Spiel.

❀ **Eine goldene Regel:**
Brechen Sie keinen Streit vom Zaun, wenn es sich dabei um etwas Ernstes handelt, über das es sich nachzudenken lohnt.

2. Gute und schlechte „Szenen"

Das typische an einem Ehekrach ist seine Unvorhersehbarkeit. Darin gleicht er einem plötzlich ausbrechenden Vulkan, den man schon längst für erloschen gehalten hatte. Wenn er unversehens aus seinem Schlummer erwacht, kann das fatale Folgen haben. Vermeiden Sie also diese unwiderbringlichen Ausbrüche, die immer von schneidenden, verletzenden und sehr endgültigen Bemerkungen begleitet werden.

Andererseits haben „gute" Szenen eine heilsame Wirkung. Besonders wenn sie das Paar aus der Routine reißen und ihm eine neue Dynamik und neue Impulse geben. Vorausgesetzt, daß es bei diesen Szenen nicht um essentielle Themen geht – (siehe oben), können sie einen Umkehreffekt haben, und aus dem Krach wird eine Liebesszene.

So könnte ein Streit losgehen: „Ich habe keine Lust mehr, daß immer du das Fernsehprogramm auswählst." Gleiten Sie dann möglichst nicht in generelle Schimpftiraden ab. „Und überhaupt, erklär mir mal, wieso du vorgestern so spät nach Hause gekommen bist" oder „Du bist wie deine Mutter und willst immer über alles entscheiden" sind Beispiele für solche destruktiven Du-Botschaften.

Grenzen Sie das strittige Thema ein. Nehmen Sie es nicht zum Vorwand, um eine ganz andere Botschaft zu vermitteln und monatelang aufgesparte Vorwürfe oder Verbitterungsgefühle loszuwerden, die Sie bisher nicht anzusprechen wagten.

Sie würden einen großen Fehler begehen. Es gibt eben Probleme, die im explosivem Schnellverfahren gelöst werden können, während bei anderen der Dampf langsam abgelassen werden muß, bevor man den Deckel öffnen kann.

Vergessen Sie nicht, daß das im Streit Gesagte Ihre Gedanken meist bei weitem übersteigt. Eine verbale Zuspitzung wird dann fatal, wenn sie die Fundamente Ihres Paarlebens angreift oder wenn sie die Existenzprinzipien des anderen untergräbt. Nicht alle „Schläge" sind erlaubt. Dazu gehören jene, die es Ihnen unmöglich machen, nach überstandener und überwundener Krise in die Arme Ihres Partners zu fallen.

Vermeiden Sie, daß Szenen alltäglich werden oder immer um dasselbe Thema kreisen. Wenn auch eine wiederholte Auseinandersetzung ohne Folgen bleibt, haben Sie es mit einem echten Problem zu tun, das auf andere Weise gelöst werden muß. In diesem Fall ist es besser, klar und ruhig über den Konflikt zu sprechen. Es ist gut möglich, daß

Sie mit der Methode bessere Resultate erzielen als durch Schreierei und Getobe.

❀ **Eine goldene Regel:**
Vermeiden Sie Szenen vor Dritten, vor allem, wenn es sich dabei um Familienmitglieder oder Freunde handelt.

Er (oder sie) würde Ihnen das nie verzeihen. Es ist auch müßig, für Ihre Streitereien Zeugen oder Schiedsrichter zu suchen. Selbst wenn das Ganze einem Wettkampf ähnelt, sollte außer Ihnen beiden niemand Punkte verteilen. Ließe sich trotzdem jemand dazu verleiten, könnten Sie es ihm später verübeln. Dabei haben Sie selbst die Person zum Schiedsrichter ernannt.

Selbst wenn einer von Ihnen merkt, daß er zu weit gegangen ist, wird keiner vor einem Außenstehenden den Rückzug antreten oder den Kampf beenden wollen. Im Gegenteil, jeder wird um das letzte Wort kämpfen, und ein banaler Ehestreit entwickelt sich unversehens zum Drama.

Wenn sich ein Streit am Horizont anbahnt, versuchen manche, die Situation über das Telefon zu bereinigen. Das ist zwar recht praktisch, aber auch ein bißchen feige. Sobald die Argumente ausgehen, wird der Hörer hingeknallt. Auch ohne abrupte Unterbrechung ist ein Streit per Telefon gar nicht so ohne. Zum Beispiel, wenn Ihr Partner nicht wie erwartet reagiert. Zum Beispiel, weil er (oder sie) nicht allein ist, und sein (oder ihr) Umfeld nicht an den Streitereien teilhaben lassen möchte. Sie sind frustriert, weil die Szene nicht stattgefunden hat. Dabei hatten Sie Ihre Antworten peinlichst vorbereitet und die „feindlichen" Argumente vorhergesehen. Sie sind gezwungen, den Streit zu verschieben, aber irgendwann ist dann auch die Luft raus – wie bei einem geplatzten Luftballon.

> ❀ **Eine goldene Regel:**
> **Sie sollten sich nie über Ihre intimen Probleme vor Dritten auslassen, egal, ob es sich dabei um Freunde oder weniger bekannte Personen handelt.**
> **Zurechtweisungen und Rügen sind das Allerschlimmste, da sie häufig zu gegenseitigen Beleidigungen führen. Warten Sie, bis Sie zu Hause sind und dort von Angesicht zu Angesicht Ihre Vorwürfe formulieren können.**

Tragen Sie Ihren Ehekrach unter vier Augen aus, haben Sie die besten Chancen, sich – sozusagen unter Ausschluß der Öffentlichkeit – in zärtlicher Weise auszusöhnen. Sie haben das angenehme Gefühl, für den anderen sogar mehr als vorher zu existieren. Es wäre dann ungünstig, immer wieder auf das strittige Thema zurückzukommen und den anderen daran zu erinnern, was er im Feuer des Gefechts alles losgelassen hat. In Ihrer Wut haben sicherlich auch Sie sich zu den unmöglichsten Bemerkungen hinreißen lassen. Wenn der Waffenstillstand erst einmal unterzeichnet ist, sollten Sie den Frieden auch genießen … zumindest bis zur nächsten kriegerischen Auseinandersetzung.

3. Zuviel oder zuwenig Krach?

Wichtig ist es zu wissen, daß sich manche Paare einer ganz speziellen Gefahr aussetzen: Sie empfinden eine fast perverse Lust am Ehekrach. Ihr Leben zu zweit gründet geradezu auf der Intensität dieser Auseinandersetzungen. Warum nicht? Weil das Spiel nur unter einer Bedingung funktioniert: daß keiner sich dazu hinreißen läßt, seine Provokationen endlos weiter zu treiben, um den anderen in einen Reizzustand zu versetzen. Andernfalls könnten diese Verbalgefechte womöglich zu einer gefährlichen sado-masochistischen Beziehung abkippen. So etwas läuft sich leer, und Sie werden sich ebenfalls leer fühlen.

Umgekehrt kann man sich fragen, warum andere Paare nie streiten. Mitunter handelt es sich um eine Art Flucht nach vorn. Die Gründe dafür sind zahlreich: eine latente Angst, sich mit Problemen auseinanderzusetzen – und Probleme gibt es immer – mit dem anderen zusammenzustoßen, sich dem Risiko auszusetzen, mit unangenehmen Wahrheiten konfrontiert zu werden. Auch der Wunsch, an eine perfekte Harmonie der Ideen und Bedürfnisse glauben zu können, spielt hier eine Rolle. Es kann aber gefährlich sein, die Existenz von Unstimmigkeiten zu leugnen oder nichts zu tun, um die eigenen Zweifel zum Ausdruck zu bringen.

Es wäre ein Fehler, Differenzen und Unstimmigkeiten als Mißerfolg zu deuten. Eine Verweigerung von Diskussionen ist oft das Schlimmste: sie führt zu gegenseitigem Schweigen und Monotonie. Nicht, wie man es des öfteren glaubt, weil das Paar in gemütlicher Routine und Gleichmäßigkeit eine „ruhige Kugel schiebt". Auch nicht, weil es verlernt hat, einander in Erstaunen zu versetzen und die schwächer werdende Flamme seiner Liebe neu zu entfachen. Grund für dieses Dilemma ist, daß jeder seine Vorwürfe und Bemerkungen für sich behält, es aber zwangsläufig irgendwann doch anfängt zu brodeln. Das Paar entwickelt mehr und mehr Aggressionen gegeneinander, es kommt zu gegenseitigen Anschuldigungen. Und das, obwohl im Vorfeld nie nach einem Ausweg gesucht wurde. Wehe, wenn dann eines Tages der Krach ausbricht! Monate und Jahre des Schweigens haben das Faß zum Überlaufen gebracht, plötzlich gerät die ganze Beziehung ins Schlingern. Jeder hat geglaubt, seine Klagen für sich behalten zu können, aber dann bricht der Sturm aus. Er kommt wie eine unvorhergesehene und zerstörerische Flutwelle, die niemand aufhalten kann.

Dies sind gute Gründe anzunehmen, daß eine entsprechend „gemanagte", d.h. einigermaßen kontrollierte und nicht ständig wiederkehrende Ehe-Szene von heilsamer Wirkung ist.

Man kann sich dabei abreagieren und das loswerden, was man nicht länger in sich vergraben möchte. Wer Dampf abläßt, vermeidet die Ansammlung von gefährlichem Streß. Wer sich derartigen emotionalen Gewittern aussetzt, muß natürlich auch mit dem Sturm umgehen können und die Winde zu kontrollieren wissen. Sonst sinkt das Schiff.

4. Die Eltern als Beispiel

Es gibt noch einen weiteren Grund für das Ablehnen jeglicher Auseinandersetzungen: Beispiele aus der eigenen Familie, Erlebnisse aus der Kinder- und Jugendzeit oder die Angst, elterliche Schemata zu wiederholen. Es ist eine Tatsache, daß viele Paare bekannte Verhaltensmuster reproduzieren. Es ist aber genauso richtig, daß andere um jeden Preis vermeiden wollen, der Beziehung ihrer Eltern zu ähneln.

Wenn man seine Eltern jahrelang hat streiten und sich zerreißen sehen, kann das zur Folge haben, daß man das Schweigen der Diskussion vorzieht und jeder Konfliktsituation aus dem Weg geht. Es handelt sich dabei um eine Haltung, die einer harmonischen Zweierbeziehung zweifelsohne abträglich ist, auch wenn es auf den ersten Blick anders aussieht. Verinnerlichte Verstimmungen nagen nämlich viel mehr an der Persönlichkeit als ein ordentlicher Wutanfall.

Es ist interessant festzustellen, wie Paare, die unverheiratet über Jahre in totaler Harmonie zusammengelebt haben, zu streiten beginnen, wenn sie den Schritt zum Standesamt gemacht haben. Als wären die Kräche Teil des nun abgeschlossenen Ehevertrages. Oder hält sich jeder weniger zurück, weil eine Trennung in legaler Hinsicht hürdenreicher geworden ist? Vielleicht verändert die nunmehr öffentlich beglaubigte Bindung auch die Beziehung des Paares zueinander und macht sie angespannter und unfreier.

Angesichts dieser Beobachtungen kann man sich fragen, ob es wirklich ratsam ist, daß Paare, die schon lange unverheiratet zusammengelebt haben, den Schritt vor den Standesbeamten machen sollten.

♥

An dieser Stelle möchten wir betonen, daß „Nicht-Gesagtes" öfter zur Trennung führt als „Gesagtes". Egal wie die Kritik nun vorgetragen wurde. Trotz des Widerspruchs zwischen der für eine Eheszene typischen Spontanität und der Notwendigkeit, diese nicht auswuchern zu lassen, bringt ein Wutanfall manchmal mehr als gedämpftes Flüstern.

Kapitel 5

Warum den anderen ändern wollen?

Sie spricht mit einer Freundin:

Sie: Es stinkt mir, wie er morgens seine Brötchen in den Kaffee tunkt! Du kannst gar nicht wissen, wie mich das aufregt! Nicht lange, und ich frühstücke nicht mehr mit ihm zusammen!

Die Freundin: Hat er das denn nicht von Anfang an gemacht, als ihr zusammengezogen seid?

Sie: Doch, aber da hat es mich nicht gestört. Ich habe es nicht einmal bemerkt, aber jetzt kann ich es nicht mehr aushalten. Es macht mich richtig rasend!

Die Freundin: Ja und du, tunkst du deine Brötchen nicht in den Kaffee?

Sie: Doch, doch, früher habe ich es manchmal gemacht, aber nur wenn ich allein am Frühstückstisch saß. Es hat mir Spaß gemacht, mich wie in Kinderzeiten zu benehmen, wenn meine Mutter mit mir meckerte, weil sie diese Schmadderei fürchterlich fand.

Die Freundin: Also bist du es, die sich verändert hat... und nicht er! Oder du benimmst dich schon wie deine Mutter...

Sie: Das ist mir egal. Jedenfalls finde ich, daß er wirklich dafür sorgen könnte, sich zu ändern. Und wenn er es nur täte, um mir einen Gefallen zu tun: Da verlange ich doch wohl nicht zu viel von ihm.

Die Freundin: Also wirklich, du beharrst auf einem Detail, über das es wirklich nicht lohnt, sich aufzuregen.

Sie: Für mich ist es nun einmal wichtig. Wenn er mich wirklich liebte, würde er sein Verhalten ändern.

Er spricht mit einem Freund:

Er: Nichts geht mir so auf die Nerven, wie wenn sie stundenlang am Telefon hockt!

Der Freund: Ich bin mir sicher, du übertreibst. Es muß sich um Minuten und nicht um Stunden handeln. Und dann würde ich gerne wissen, wie lange dir das schon auffällt.

Er: Keine Ahnung! Jedenfalls ertrage ich ihre Telefoniererei nicht mehr. Mit geht allen Ernstes der Hut hoch!

Der Freund: Wenn ich mich täusche, mußt du es mir sagen. Aber mir scheint, daß ich dich damals, als Ihr noch nicht zusammengewohnt habt, nie telefonisch erreichen konnte, weil du immer so ewige Gespräche mit ihr führtest.

Er: Das ist ja wohl nicht das gleiche. Ich war noch nie ein Freund vom Telefon. Es gab halt keine Alternative. Wir hatten wenig Zeit, uns zu sehen. Jetzt könnte sie sich doch ein bißchen anstrengen, um ihre Gewohnheiten zu ändern. Das wäre ein echter Liebesbeweis, oder?

♥

1. Die kleinen Schwächen des anderen akzeptieren

Wir haben gesehen, wie wesentlich es ist, daß jedes Individuum auch in der Zweierbeziehung seine Persönlichkeit bewahrt. Es ist aber genau so wichtig, daß der eine den anderen nicht umkrempeln will. „Liebe macht blind", sagt der Volksmund. Manchmal stimmt aber das Gegenteil. Sagt man nicht auch, *Ich bin verliebt wegen* ... aber *ich liebe trotz* ...?

Will man sein Leben langfristig mit einem anderen Menschen teilen, muß man ihn so akzeptieren, wie er ist, mit seinen Qualitäten, aber auch mit seinen Schwächen. Allen Ernstes, wie viele von uns haben nicht heimlich geträumt, daß es ihnen gelingt, den anderen zu verändern und einige Aspekte seiner Persönlichkeit zu „korrigieren"? Und wieviele davon wurden nicht enttäuscht oder fühlten sich beleidigt, weil ihnen ihr Plan nicht gelungen ist?

Zu Beginn einer Idylle fällt einem beim Partner ein Schwachpunkt auf. Man glaubt, sich daran gewöhnen zu können, aber eines schönen Tages stößt man sich plötzlich daran. Sie haben bestimmt schon einmal gehört, wie jemand von seinem Partner sagt: „Ich halte seine Art, das und das zu machen, nicht mehr aus. Ich kann ihn zehnmal darauf aufmerksam machen, er hört überhaupt nicht zu. Ich habe alles versucht, aber nichts tut sich." Und wenn Ihr Partner sich Ihnen gegenüber genauso verhalten würde, was würden Sie darüber denken?

Als Sie Ihren heutigen Lebenspartner kennenlernten, hatte er damals nicht schon die gleichen Schwächen? Warum können Sie sie auf einmal nicht mehr ertragen? Wahrscheinlich weil sie Ihnen damals unwichtig erschienen und Sie sich vorstellten, mit der Zeit korrigierend auf Ihren Partner einwirken zu können.

Womöglich haben Sie sich eingebildet, daß Ihre Liebe sie gegen diese Schwächen unempfindlich machen würde oder daß Sie sich ganz einfach daran gewöhnen würden.

Ertragen Sie heute diese „Macken" nicht mehr, die Ihnen anfangs so unbedeutend erschienen und geradezu etwas Rührendes an sich hatten? Das kommt wahrscheinlich daher, daß sie mit einem Gefühl des Mißerfolgs verbunden sind. Tatsächlich konzentrieren Sie Ihre Aufmerksamkeit auf eine kleine Schwäche, mit der Sie nicht fertig geworden sind, und prompt werden Sie deswegen für alle sonstigen Qualitäten Ihres Partners unempfänglich. Ehrlich, ist Ihre

Reaktion nicht müßig und frustrierend? Haben Sie nicht den Eindruck, zu viel Energie für eine Sache auszugeben, die es nicht wert ist?

Partner trennen sich oftmals, weil sie unfähig geworden sind, die gegenseitigen Schwachpunkte zu akzeptieren. Natürlich werden Sie zur Antwort geben, daß Paare so handeln, weil sie in einer Krise stecken. Und da haben Sie nicht vollkommen unrecht.

Wir drehen uns aber im Kreis, wenn wir herauszubekommen versuchen, ob die Krise Grund für die Gereiztheit ist oder umgekehrt. Wir werden kaum die richtige Antwort finden.

2. Schluß mit dem Gefühl der Niederlage!

Lassen Sie uns auf dieses Gefühl des Mißerfolgs zurückkommen. Warum haben Sie sich – wenn auch nicht zugegebenermaßen – anfangs eingebildet, die Schwächen des anderen ausrotten zu können? Ihr Verhalten hat Sie in eine Konfliktsituation gebracht. Ganz unbewußt kommt ein Überlegenheitsgefühl zum Ausdruck, und Sie manifestieren Ihren Willen, den anderen zu beeinflussen, um ihn Ihren Idealen mehr oder minder anzupassen.

Es geht nicht darum, Gesetzmäßigkeiten zu beobachten, aber fragen Sie sich doch einmal, wer die Krise unter diesen speziellen Bedingungen tatsächlich heraufbeschworen hat? Der veränderungsunwillige Partner oder der andere, der unbedingt Pygmalion spielen will. Setzen Sie sich dieser etwas unangenehmen Selbstbefragung ruhig aus und antworten Sie ehrlich. Auch wenn das nicht einfacher ist, als anderweitig Kritik hinzunehmen, die an unserer Eigenliebe nagt.

Beim Partner Schwächen festzustellen, heißt nicht, daß man ihn weniger liebt. Seine Fehler zu verstehen, kann Ihnen möglicherweise dazu verhelfen, Ihren Partner zwar nicht *mehr* aber *besser* zu lieben.

Sie nicht mehr ertragen zu wollen oder – noch schlimmer – sie nicht mehr aushalten zu können, kann ein wichtiges Alarmsignal für die Beziehung darstellen.

Es gibt eine sehr einfache und vielfach erprobte Methode, um herauszubekommen, ob eine Krisensituation schlimm und unwiderruflich ist: Nehmen Sie ein Stück Papier und teilen Sie es längs in zwei Teile. Auf der einen Seite notieren Sie die Fehler Ihres Partners, auf der anderen seine Qualitäten. Wenns geht, ohne zu schummeln. Niemand außer Ihnen wird Ihre Aufzeichnungen lesen. Es kommt bei solchen Tests sehr selten vor, daß mehr Fehler als Qualitäten aufgezählt werden. Schauen Sie sich Ihre Liste gut an. Lohnt es sich nicht, Ihre Aufmerksamkeit auf die guten Seiten zu lenken und die schlechten so gut es eben geht, zu akzeptieren? Vielleicht möchten Sie den Test sogar weiterführen und voller Objektivität die gleiche Auflistung für sich erstellen?

3. Die Zeit vergeht für alle

Entgegen dem, was man annehmen könnte, sind Leidenschaften unproblematisch, weil alles verneint wird, was sich ihnen in den Weg stellen könnte.

Eine Liebe aufrecht zu erhalten, ist zunächst ein harter Kampf gegen sich selbst, nicht gegen den anderen. Man muß ungeheuer viel Willen an den Tag legen, um sich selbst zu schützen und die negativen Gedanken unter Kontrolle zu halten, die uns alle einmal befallen. Sonst vergiften sie uns das Leben ... vor allem unser Leben in der Beziehung.

Die Zeitschriften präsentieren den Frauen junge Mädchen mit seidener Haut und griffigen Muskeln. Mädchen, von denen man annimmt, daß sie die Männer zum Träumen bringen... Heutzutage zeigen die gleichen Zeitschriften charmante Männer, die bei den Frauen wilde Phantasien auslösen sollen... Handelt es sich um Gleichberechtigung zwischen den Geschlechtern oder Rache?

Die Zeiten haben sich geändert. Hören Sie also auf, liebe Leserinnen, vor Wut zu schnauben, wenn Ihr Mann sich nach einem hübschen Mädchen umschaut. Und Sie, liebe Leser, sparen Sie sich Fragen wie: „Was findest du bloß an ihm", wenn Ihre Lebensgefährtin einem jungen Adonis hinterherschaut. Sie werden Ihren Partner (Ihre Partnerin) nicht ändern und dessen (deren) Instinkte unter Kontrolle bekommen.

Eines schönen Morgens werden Sie aufwachen, ihn (oder sie) im Schlaf betrachten und dabei zum ersten Mal diese kleinen Fältchen bemerken, die Ihnen bis dahin gar nicht aufgefallen sind. Je nach dem, werden sie entweder gerührt sein oder sich ärgern. Fuchsen Sie die Fältchen, dann hat das eventuell damit zu tun, daß Ihnen bewußt wird, wie auch an Ihnen die Zeit nicht spurlos vorüber geht.

Das ist wieder eine Tatsache, auf die man nicht oft genug verweisen kann, weil wir sie manchmal nur mit Schwierigkeiten akzeptieren können. Wir könnens nur wild entschlossen versuchen.

Sie haben die Zwanzig vielleicht seit langem überschritten. Entwickeln Sie deswegen erst recht ein Bewußtsein für Ihre neuen Qualitäten: Ihr Stil, Ihr Charme, Ihre Erfahrung. Besser, Sie machen sich bewußt, was Ihnen die Jahre schenken, als darüber zu grübeln, was Ihnen mit der Zeit verloren geht. Und geben Sie Ihrem Partner die gleichen Chancen! Statt mit dem Finger auf die Macken zu deuten, die Sie nicht zu korrigieren in der Lage waren, lenken Sie Ihre Aufmerksamkeit besser auf die positiven Eigenschaften, die sich Ihr Partner über die Jahre angeeignet hat.

Was wollen Sie eigentlich beweisen? Ihren Einfluß auf

den Lebenspartner? Das ist ein vergebliches Bemühen, das Sie zu enttäuschen droht. Im Grunde sind Sie nicht auf Ihren Partner sauer, sondern auf sich selbst, weil Sie Ihr – selbst gestecktes – Ziel nicht erreicht haben.

> ❀ **Eine goldene Regel:**
> **Versuchen Sie nicht, den anderen gegen seine Natur zu verändern, sondern akzeptieren Sie ihn (oder sie), wie er (oder sie) immer war oder geworden ist.**

Was geht Ihnen durch den Kopf? „Genau das ist es! Als wir uns kennenlernten, war er nicht so!" Sind Sie sich da so sicher? Denken Sie ein wenig nach… Wenn manche Schwächen mit den Jahren auch prononcierter auftreten, so sind die Anlagen doch meist von Anfang an vorhanden.

Wir haben es bereits gesagt und werden es sicherlich noch mehrmals wiederholen: Nur wenige Paare sind in der Lage, Momente des Zweifels oder Krisen zu vermeiden. Sie gehören zu jeder affektiven Bindung, ob es sich dabei um eine Beziehung zwischen Freunden, zwischen Eltern und Kindern oder zwischen Liebhaber und Geliebter handelt. Wir brauchen sie, um wieder „klar Schiff" zu machen und nicht in falschen Anschuldigungen zu ersticken.

♥

4. Die Wahl zwischen Teilen und Unabhängigkeit

Man kann jemanden auch aus lauter Liebe ersticken, und dem entgehen wir, wenn wir nicht ständig versuchen, unseren Partner zu verändern. In der Regel sind es die Frauen, die in dieser Hinsicht begabter sind als die Männer.

Wenn es zu Beginn einer Beziehung normal ist, alles teilen zu wollen, so wird jeder nach und nach ein gewisses Bedürfnis nach Unabhängigkeit entwickeln. Das „jeder", stimmt schon, aber meist distanzieren sich Frauen nicht so schnell wie Männer, und deren Suche nach Abstand ist ihnen ein Dorn im Auge. Sie leiden darunter.

Ihre – offenbar fruchtbarere – Einbildungskraft läßt sie das Schlimmste befürchten.

Ergo versucht die Frau alles in ihrer Macht stehende zu tun, um den Mann, den sie liebt, an sich zu binden.

Selbstverständlich kennen wir auch die umgekehrte Situation, in der der Mann seine Frau schier erdrückt. So oder so sollte man sich vor einem von der Angst diktierten Übermaß an Aufmerksamkeit für den Partner in acht nehmen. Das führt nur zu häufig zu possessiven Verhaltensweisen und Verdächtigungen. Ihr Partner fühlt sich verpflichtet, ausschließlich für Sie da zu sein; er verliert an Persönlichkeit, wie auch Sie aus lauter Anpassungsbedürfnis an Individualität einbüßen.

Das Leben zu zweit ist kein Gefängnis. Es soll weder aus der Nähe noch aus der Ferne einem Kerker gleichen. Wir alle wissen, daß es der Traum eines jeden Gefangenen ist, auszubrechen, auch wenn sein goldener Käfig noch so hübsch ist...

Ihre Besorgnis oder gar Panik wird daran nichts ändern. Bitten Sie Ihren Partner nicht um mehr, als was er Ihnen geben kann. Versuchen Sie ihn nicht umzumodeln, damit er nicht seinerseits ängstlich wird. Erwarten Sie nicht als Gegenleistung das gleiche Maß an Zärtlichkeit, das Sie ihm anbieten und das er teils gar nicht annehmen kann. Niemals darf einer von Ihnen beiden den Eindruck gewinnen, daß seine Freiheit in Gefahr ist. Und jeder muß sich ab und zu um sich selbst kümmern dürfen, ohne beim anderen Eifersuchtsgefühle auszulösen.

Wir kommen immer wieder auf das gleiche Prinzip zurück: Respekt für den Partner und eine solide Selbsterkenntnis sind Bedingungen für das Überleben des Paares beziehungsweise Voraussetzung für eine glückliche Partnerschaft.

Kapitel 6

Sich selbst bleiben

Die männliche Version:

Sie: Warum schaust du diesem Mädchen so hinterher?

Er: Ich habe sie doch nicht einmal angeschaut!

Sie: Doch. Du hast den Kopf gedreht, als sie hereingekommen ist. Man könnte meinen, du kennst sie.

Er: Überhaupt nicht. Ich habe einen Blick auf sie geworfen, weil sie hübsch ist, das ist alles.

Sie: Das ist alles?

Er: Also wirklich, wieso könnt Ihr Frauen nicht einsehen, daß es einem Mann Spaß macht, eine hübschen Blondine anzuschauen, ohne daß ihm gleich irgendwelche Gedanken kommen und er sie anmachen will?

Wie um sich zu entschuldigen, lächelt er seiner Partnerin zu. Im Restaurant, wo sie zu Abend essen, nimmt er auf dem Tisch ihre Hand in die seine, den Blick voller Zärtlichkeit. Trotz alledem spürt sie ein panisches Gefühl in sich aufsteigen und fühlt sich plötzlich unsicher.

Die weibliche Version:

Er: Kennst du den Typ?

Sie: Welchen Typ?

Er: Den, der gerade hereingekommen ist.

Sie: Überhaupt nicht.

Er: So wie du ihn angeschaut hast, könnte man es aber annehmen.

Sie: Ich wiederhole: Ich habe den Typ noch nie in meinem Leben gesehen. Jetzt zum ersten Mal. Ich finde ihn einfach hübsch, sehr sexy, mit einer Mordsfigur. Mehr nicht. Aber keine Angst, du bist auch nicht schlecht! Sie lacht aus vollem Herzen. Wie um sich zu entschuldigen, nimmt sie auf dem Tisch im Restaurant, wo sie zu Abend essen, seine Hand in die ihre, den Blick voller Zärtlichkeit. Trotz alledem spürt er ein panisches Gefühl in sich aufsteigen und fühlt sich plötzlich unsicher.

♥

1. Was heißt lieben?

Lieben heißt gefallen wollen, heißt begehren, aber auch begehrt werden wollen. Lieben heißt keinesfalls, seine eigene Identität aufzugeben, um dem Partner zugeschriebenen Träumen und Phantasmen zu entsprechen. Ganz im Gegenteil, seine Persönlichkeit bewahren und in den Augen des Partners zu wachsen, das ist Liebe.

Wenn Sie eine Frau sind: Denken Sie daran! Auch wenn Ihr geliebter Mann einer Blondine hinterherschaut, während Sie selbst braunhaarig, dunkelblond oder rothaarig sind, hat er sich doch entschieden, mit *Ihnen* zusammenzuleben. Rasen Sie nicht gleich zum Frisör, um Ihre Haarfarbe abändern zu lassen. Die Wirkung auf Ihren Herzallerliebsten könnte ganz konträr zu Ihren Erwartungen sein.

Wenn Sie ein Mann sind: Zwingen Sie sich nicht dazu, Jeans zu tragen, weil sie Ihnen irgendwann mit Blick auf einen anderen Mann erzählt hat, daß sie diesen „Look" sehr sexy findet. Da Sie sich noch nie in Jeans wohlgefühlt haben und Sie den Eindruck haben, in einer Verkleidung zu stecken, wird Ihr Anblick in der Tat einen Überraschungseffekt haben. Aber was ist mit dem Charme, dem Ihre Liebste ursprünglich erlegen war, gerade weil Sie nicht aussahen wie alle anderen.

Selbstverständlich handelt es sich um Beispiele mit Symbolcharakter. Sie beziehen sich auf Ihre äußere Erscheinung, gelten jedoch auch für andere Dimensionen Ihrer Persönlichkeit. Man kann niemandem vorwerfen, sich seiner Fehler bewußt zu sein und sie ausmerzen zu wollen, ganz im Gegenteil. Aber wozu Ihre ganze Persönlichkeit umkrempeln, wenn sie Ihrem Partner so gefallen hat und zweifelsohne immer noch gefällt?

Es wäre falsch, sich einzubilden: „Wenn ich dem oder der ähnele, wird mein Partner mich noch stärker lieben." In der Regel geht diese Rechnung aus einem ganz simplen Grund schief: Ihr Partner hat Sie „erwählt", weil Sie sind, wer Sie sind, und nicht allein wegen Ihrer äußeren Erscheinung. Es steht also außer Zweifel, daß Sie seinen Erwartungen entsprechen.

2. Spieglein, Spieglein an der Wand, ...

Jeder von uns kennt Momente des Zweifelns. Wenn wir positiv damit umgehen und Nutzen daraus ziehen können, haben sie möglicherweise günstige Auswirkungen.

Sollten Sie gerade von Selbstzweifeln befallen sein, bringt es rein gar nichts, sich vor den Spiegel zu stellen und sich absurden Fragen anheimzugeben. Die Antworten im Widerschein des Spiegels wären entsprechend widersinnig.

Sie haben den vagen Eindruck, daß Ihnen etwas zwischen den Fingern entrinnt, daß die Liebesbeweise Ihres Partners seltener geworden sind? Mit Sicherheit werden Sie in Ihrem Spiegelbild weder die Gründe und schon gar nicht die Lösung Ihres Problems finden können.

Es lohnt sich nicht, sich vorzurechnen, welche Pluspunkte die anderen haben. Vielmehr sollten Sie genau umgekehrt vorgehen. Wenn Sie unter keinen Umständen auf die Spiegelprobe verzichten wollen, tun Sie, was Sie nicht lassen können. Es gilt, mit objektivem Blick Ihre Stärken zu erkennen. Suchen Sie nach Ihren Pluspunkten, nach Eigenschaften, die Sie von anderen unterscheiden und die die „Wahl" Ihres Partners motiviert haben.

Ganz gleich, ob Sie Mann oder Frau sind; suchen Sie nach diesem gewissen „Blitz" in Ihren Augen. Manche glauben, daß darin die Seele zum Ausdruck kommt; mit Gewißheit kann man ihn als Stimmungsbarometer betrachten. Ihr Blick scheint erloschen? Beleben Sie ihn, lassen Sie die Flamme wieder aufflackern!

Im Ernst, wie lange benutzen Sie schon kein Parfüm mehr? Dieses Eau de Toilette, mit dem er (oder sie) Sie unter tausend Leuten wiedererkennen konnte, warum haben Sie es nicht wieder gekauft.? Es war ein Geschenk, um Ihre Liebe zu besiegeln, warum vertrocknet der Duft nun in irgendeiner Schublade?

Wichtiger noch ist, daß Sie sich fragen, warum Sie sich in letzter Zeit selbst weniger leiden können. Auch kleine Nachlässigkeiten deuten darauf hin, daß Sie Ihre Persönlichkeit verblassen lassen. Das Bild, das Sie Ihrem Partner fortan von sich vermitteln, leidet zwangsläufig darunter.

❀ **Eine goldene Regel:**
Tun Sie etwas dafür, damit der andere Sie begehrt. Kämpfen Sie darum, den anderen immer wieder zu verführen. Sonst könnte jemand an Ihrer Statt seinen Charme spielen lassen.

3. Wieder gefallen wollen

Versuchen Sie die Gründe dafür zu analysieren, warum Sie keine Lust mehr haben, sich ins Zeug zu legen. Was ist los? Wo fehlt die Motivation? Warum geben Sie sich so leicht geschlagen? Weil Sie sich Ihrer Sache so sicher sind? Weil Sie den Eindruck haben, ihr (oder ihm) weniger zu gefallen? Weil Sie glauben, daß Ihr Partner Sie nicht mehr so liebt wie zuvor? Wenn das Ihr Eindruck ist, befinden Sie sich hundertprozentig auf dem Holzweg.

Vielleicht gewinnen Sie in einem Moment der Erschöpfung und des Stresses den Eindruck, daß Ihr Partner Sie nicht mehr mit den gleichen Augen anblickt wie früher. Genau dann ist der Zeitpunkt gekommen, um zu reagieren. Zeigen Sie Ihrem Partner, daß es Sie gibt!

Jeder von uns kennt diese dumpfen Ängste, erfährt sie gerade am eigenen Leib, oder wird sie irgendwann kennenlernen. Sie beruhen nicht auf Tatsachen und sind gerade darum so unerklärlich. Es ist nur zu verständlich, daß die Flamme unserer Liebe nicht mehr so wild flackert wie in der ersten Zeit, aber es liegt in Ihrer Verantwortung, dafür zu sorgen, daß sie nicht endgültig erlischt.

❀ **Eine goldene Regel:**
Gerade in diesen Momenten sollten Sie sich entscheiden, etwas für sich selbst zu tun und nicht nur für den anderen zu existieren.

Dabei handelt es sich nicht um Egoismus, sondern um eine Art Überlebensinstinkt, und für die seelische Verfassung tut so etwas immer gut.

Folgender Ratschlag gilt für Männer wie für Frauen: Gestehen Sie sich pro Woche mindestens einen halben Tag für Ihre Privatinteressen zu, für die sich Ihr Partner nie hat begeistern können. Widmen Sie sich Ihrem Lieblingssport, machen Sie einen Schaufensterbummel, basteln Sie oder „arbeiten" Sie im Garten. Welche Aktivität Sie auswählen, ist eigentlich egal. Ziehen Sie sich zurück, und wenn es nur ist, um einen Brief an die Familie oder an Freunde zu schreiben. Wählen Sie eine Tätigkeit, die Sie hinterher sagen läßt: „Was fühle ich mich so gut!" Vielleicht ist Ihnen das nicht bewußt, aber sowohl Ihre Haltung als auch ihr Blick werden mit Sicherheit dieses neu gewonnene Wohlbefinden widerspiegeln. Und das wird Ihnen und Ihrem Partner zugute kommen.

4. Zeit kann man immer finden

Hören Sie auf, sich einzubilden „Ich habe keine Zeit" oder dies anderen gegenüber zu erwähnen. Andernfalls verlieren Sie tatsächlich nach und nach die Fähigkeit, sich die für Ihre Entfaltung so wichtigen freien Momente zu gönnen. Und darunter leidet Ihre Persönlichkeit. Schneller als gedacht, entwickeln Sie dann Schuldgefühle, sobald Sie sich einmal wirklich um sich selbst kümmern. Wenn Sie einer Tätigkeit nachgehen, die Ihren Partner nicht interessiert, dann tun Sie ganz einfach etwas für sich. Das heißt noch lange nicht, daß Sie Ihren Partner im Stich lassen. Bildlich könnte man Ihr Tun folgendermaßen darstellen: „Sie laden Ihre Batterien auf", um anschließend wieder disponibel zu sein, und zwar ohne jedwedes Frustrationsgefühl.

Es gibt ein paar Selbstverständlichkeiten, die wir doch immer wieder in Erinnerung rufen möchten: Ob Mann oder Frau, Sie sind zunächst einmal ein Individuum, das es nicht nur in seiner Andersartigkeit, sondern auch in seiner Selbständigkeit und Unabhängigkeit zu respektieren gilt.

Natürlich können Sie jetzt behaupten: „Ich lasse mich nicht gehen! Er (oder sie) engagiert sich nicht mehr." Okay, aber Sie leiden doch unter der Situation. Versuchen Sie also, Ihrem Partner in diskreter Weise zu verstehen zu geben, daß er (oder sie) sich im Interesse Ihrer Zweierbeziehung wieder mehr bemühen muß.

Vermeiden Sie tägliche Fragen wie: „Was ist denn mit dir los?" Versuchen Sie vielmehr, die Erinnerung an einen glücklichen Moment der Zweisamkeit wachzurufen. Und tun Sie das, ohne sofort nachzuschieben, daß das ja leider Schnee von gestern ist. Motivieren Sie Ihren Partner, Ihnen und vielleicht auch sich selbst zu gefallen.

♥

5. Lieben hat nichts mit Ertragen zu tun

Wie wir wissen, sehen beide Geschlechter die Dinge oft mit unterschiedlichen Augen. Die Beziehung zahlreicher Paare ist noch von der Überlegenheit des Mannes über die Frau geprägt. Diese Tradition existiert seit Jahrtausenden. Wir leben im Erbe einer patriarchalischen Gesellschaft, deren Schema vorsieht, daß Männer dominieren und Frauen dominiert werden.

Gott sei Dank haben sich die Beziehungsstrukturen weiterentwickelt, aber das patriarchalische Erbe steckt noch in vielen von uns wie eine unauslöschliche Spur. Selbst wenn wir alle protestieren, bleibt diese Beziehungskonstellation doch latent. Deswegen sind wir auch so überrascht, wenn der andere (oder die andere) auf eine völlig unerwartete und für uns unverständliche Art reagiert, wo wir ihn (oder sie) doch so gut zu kennen glauben bzw. uns eingebildet haben, seine (oder ihre) Reaktionen erraten und in gewisser Weise voraussehen zu können.

❀ **Eine goldene Regel:**
Nehmen Sie als gegeben an, daß Sie anders sind und daß Sie es unabhängig von der Kraft Ihrer Liebe auch bleiben werden.

Von Ausnahmen abgesehen, verhalten sich Jungen und Mädchen von Kindheit an unterschiedlich. Während die Kleidung zwischen den Geschlechtern austauschbar geworden ist, bleiben ihre Gemüter und Charaktere geschlechtsspezifisch bestimmt. Diese Tendenz verstärkt sich oftmals während der Pubertät.

Schauen Sie sich an, wie die Kinder spielen: In den Spielen der Buben gibt es häufig Sieger und Besiegte. Die Mädchen finden mehr Spaß an Spielen, in denen affektive Beziehungen eine Rolle spielen. Selbst beim Seilhüpfen wechseln sie sich ab, ohne offene Auseinandersetzung und ohne daß es zu eindeutigen Konfliktsituationen kommt. Das heißt nicht, daß nicht jedes einzelne Mädchen individuell gesehen die Beste sein oder beweisen möchte, daß es mindestens so „gut" ist wie die anderen.

Diese Geisteshaltung und Denkungsweise wird sich im Laufe der Jahre verstärken, und deswegen kann man sich fragen, warum Mann und Frau ihre Identität verlieren sollen, sobald sie als Paar zusammenleben.

6. Wer bestimmt und wer gehorcht?

Aber warum sollte denn immer einer Befehle geben, während der andere sie befolgt? Zu zweit leben umfaßt gemeinsames Nachdenken, Entscheiden und Handeln, nicht jedoch Hinnehmen und Ertragen. Natürlich ist die Versuchung groß, ins Kräftemessen zu verfallen. Wenn es in Ihrer Beziehung zu solchen Situationen kommt, dürfen Sie keinesfalls den Rebellen spielen oder Verhaltensweisen an den Tag legen, die kindlichen Trotzreaktionen ähneln. Versuchen Sie stattdessen lieber zu diskutieren und dabei, wenn möglich, die Ruhe zu bewahren.

Einige Beispiele:

Warum sollte der Mann allein darüber entscheiden, welches Auto gekauft wird, und unter dem Vorwand, daß er das Auto fahren wird, die Frau nicht zu Rate ziehen?

Warum sollte die Frau unter dem Vorwand, daß sie das Essen zubereiten wird, allein darüber entscheiden, wer zu dem Schmaus eingeladen wird?

So manche fühlen sich bereits in Bittstellung, wenn sie nur eine Sache mit ihrem Partner besprechen, seine Meinung erfragen oder mit ihm um etwas „handeln". Hier liegt der Grund für einen – für die Beziehung oftmals fatalen – Irrtum. Um sich ja nicht unterlegen zu fühlen, fragt der eine nie nach der Meinung des anderen und läuft dabei Gefahr, ihm (oder ihr) die eigenen Entscheidungen aufzudrücken und gewissermaßen die Existenz des anderen zu verleugnen.

Andererseits entwickelt man zwangsläufig ein frustrierendes Gefühl der Unterwerfung, wenn man ständig der Meinung des anderen nachgibt.

Sich unterwerfen heißt, seine eigenen Wünsche zu vernachlässigen und gleichsam seine Identität zu verleugnen. Heutzutage führt eine solche Haltung auf ziemlich direktem Weg zur Katastrophe, weil sich keiner von beiden in seiner Haut wohl fühlt. Eine glückliche Paarbeziehung setzt hingegen voraus, daß beide Partner sich auch individuell entfalten.

❀ **Zwei goldene Regeln:**

- **Den anderen respektieren und niemals im Alleingang entscheiden, was beide Partner anbetrifft.**
- **Niemals akzeptieren, daß Ihr Partner Ihnen nicht genug Respekt erweist, wenn er zum Beispiel Sie beide betreffende Entscheidungen alleine trifft.**

Es handelt sich hier wirklich um zwei Grundregeln für ein erfolgreiches und dauerhaftes Paarleben.

7. Unterschiede zulassen

Sie tun bereits etwas für die Behauptung Ihrer Individualität, wenn Sie akzeptieren, daß Sie und Ihr Partner nicht aus dem gleichen Holz geschnitzt sind. Das will nicht unbedingt heißen, daß Sie gegensätzlich sind. Es bringt Sie ebenfalls weiter, wenn Sie begreifen, daß zwei Menschen, die sich für einen gemeinsamen Lebensweg entscheiden, sich deswegen noch lange nicht ähnlich sein müssen. Das hat auch nichts mit Individualismus zu tun.

Dualität meint nicht zwangsläufig Antagonismus. Und gerade weil diese Unterschiedlichkeit besteht, wird ein Paar, das einem gemeinsamen Ziel entgegenstrebt und dieses erreicht, sich noch mehr verbunden fühlen.

Im Falle von Beziehungsproblemen in Schweigen zu verfallen, ist das Schlimmste, was Sie dem anderen, aber auch sich selbst antun können. Um sich nicht frustriert oder unterworfen zu fühlen, muß man Mut zeigen und seinen Gedanken Ausdruck verleihen. Auch das ist eine Art und Weise, wie man seine Persönlichkeit behaupten kann.

8. Das Paarleben ist ein Dialog

Die beiden Partner müssen einander Antwort geben, damit sich das Gespräch niemals zum Monolog entwickelt. Unter solchen Vorzeichen ist es möglich, Recht zu haben, ohne dem anderen Unrecht zu tun oder zuzugeben, daß man nicht Recht hatte, ohne sich deswegen minderwertig zu fühlen!

Es lohnt sich zu beobachten, wie Männer und Frauen reagieren, wenn sie mit einem Problem konfrontiert werden. Wenn er (oder sie) sich einer Frau anvertraut, wird diese Verständnis aufweisen und beruhigen. Ein Mann wird versuchen, Rat zu geben und wird „das Problem lösen" wollen.

Dieser Unterschied in der Grundhaltung Mitmenschen gegenüber macht sich auch im Paarleben bemerkbar.

♥

Wir verfügen über die gleichen Worte, sprechen jedoch nicht immer die gleiche Sprache. Das zu begreifen, und es nicht um jeden Preis leugnen zu wollen, ist bereits ein Schritt in Richtung glückliche Zweierbeziehung: Zusammenleben und den anderen akzeptieren wie er ist, seine Persönlichkeit respektieren, das sind Verhaltensweisen, die von „Liebesfähigkeit" zeugen.

Kapitel 7

Miteinander reden ist eine Notwendigkeit – Zuhören auch

Die männliche/weibliche Version:

Sie: Guten Abend, Schatz. Hattest du einen guten Tag?

Er: Ja, und du?

Sie: Wunderbar. Übrigens, ich habe mit Elisabeth telefoniert, und sie hat mir gesagt, daß sie und Josef in die Normandie in Urlaub fahren …

Er: Schön für sie.

Sie: Sie schlagen uns vor, sie über ein Wochenende dort zu besuchen. Was hältst du davon?

Er: Mal sehen.

Sie: Du, Fred hat mich im Büro gefragt, ob du Ersatzteile für dein Auto brauchst. Er kennt eine gute Adresse.

Er: Wir haben Zeit. Das eilt nicht. Dabei fällt mir ein, hast du meine Tante angerufen, um Sie zu fragen, wann wir bei ihr vorbeikommen können.

Sie: Nein, das hab ich vollkommen vergessen. Ich mache es morgen, außer wenn du es gleich jetzt erledigen willst?

Er: Nein, jetzt nicht.

Sie: Erzähl was von dir, deinem Tag.

Er: Wie immer. Sag mal, was gibt es eigentlich heute abend zu essen?

1. Jedem seine Ausdrucksweise

Seltsamerweise kann man feststellen, daß bei einem Paar, das nach einem Arbeitstag nach Hause kommt, die Frau ein stärkeres Mitteilungsbedürfnis an den Tag legt. Der Mann wird eher still bleiben.

Das ist nicht so, weil die Frau etwa geschwätziger wäre, sondern weil der Mann den täglichen Austausch ganz einfach weniger braucht als sie. So als wäre Sprechen für ihn nur ein Mittel, um sich selbst zu bestätigen, und er das gegenüber seiner Lebenspartnerin nicht – oder nicht mehr – bräuchte. Das ist gewiß auch der Grund, wieso die Karikaturisten Männer so oft zeichnen, wie sie im Sessel sitzen und „ihre" Zeitung lesen. Der Mann hat seinen Arbeitstag beendet und empfindet ein verdientes Anrecht auf Entspannung, die sich bei ihm über das Schweigen und die Stille einstellt.

Beobachten Sie, wenn mehrere Leute in einer freundschaftlichen Runde zusammensitzen. Zunächst werden alle miteinander sprechen, aber sehr schnell werden die Frauen sich im Gespräch absondern, während die Männer ihrerseits untereinander diskutieren. Das ist der Grund, warum so manche Gastgeberin fordert, man solle die Gäste bei Tisch lieber gleich in geschlechtsspezifischen Grüppchen plazieren, statt immer sorgsam ein Männlein und ein Weiblein nebeneinander zu setzen.

Scherz beiseite und zurück zu unserem Thema: Warum spalten sich Gruppen nach Geschlechtern? Das hat nicht ausschließlich mit den Gesprächsthemen zu tun, denn Männer und Frauen könnten mit einem bißchen guten Willen zahlreiche gemeinsame Interessenkreise finden. Nein, die Wahrheit ist, daß weder die einen noch die anderen wirklich Lust dazu haben.

Sie können weiterhin beobachten, daß Männer, die zu Hause ausgesprochen schweigsam sind, in Gesellschaft plötzlich ganz gesprächig werden. Und Frauen, wenn sie sich nicht mit anderen Frauen zusammentun, werden im Gegenteil eher schweigsam. Wenn sie sprechen, passiert es ihnen häufiger als den Männern, daß ihnen das Wort abgeschnitten wird. Natürlich gibt es Ausnahmen, aber in der Regel laufen die Gesprächssituationen wie beschrieben ab. Sie können das selbst einmal nachprüfen.

Einmal mehr wird deutlich, daß wir uns gemäß unserer Geschlechtszugehörigkeit unterschiedlich verhalten. Wenn wir uns dessen bewußt werden, wird es uns leichter fallen, uns selbst zu verstehen und weder enttäuscht noch unzufrieden zu sein.

2. Des Mannes Schweigen

Nicht weil ein Mann zu Hause wenig mit seiner Frau redet, liebt er sie nicht. Und nicht weil eine Frau das Bedürfnis hat, ihrem Mann alles mögliche zu erzählen, will sie ihn unbedingt davon abhalten, seine Zeitung zu lesen.

Wir haben schlechterdings nicht das gleiche Kommunikationsbedürfnis. Deswegen können wir logischerweise auch nicht das gleiche Verhalten an den Tag legen. Das Sprechen, die Konversation bzw. das Schweigen gehören zu den wichtigsten Gründen für eine Ehekrise.

Die Frau wird oftmals glauben, daß ihr Mann schweigt, weil er sauer oder ihr gegenüber gleichgültig geworden ist. Sie wird also nach den Gründen für dieses Schweigen suchen, und wenn sie diese nicht findet, wird sie den Mangel an Dialog als Bestrafung empfinden. Dabei bleibt ihr schleierhaft, was sie denn verbrochen haben soll.

Etwas ins Blaue hinein wird sie Fragen stellen: „Ist irgendwas los?" „Nein, nein, alles in Ordnung", wird dann die gemurmelte Antwort lauten.

Die meisten Männer beweisen im Stillschweigen viel Talent, während den Frauen ein solches Verhalten sehr fern liegt und unverständlich erscheint. Tatsächlich stellt sich ihnen dieser mangelnde Kommunikationswillen als Rätsel dar, das sie zu lösen nicht in der Lage sind.

Für die Frauen ist es schwierig, diese Schweigsamkeit zu durchbrechen. Was können sie tun? Humor zeigen: Du bist wunderbar, wenn du schmollst. Ich vergöttere dich." Oder so tun, als hätten sie nichts gemerkt und ihren Männern vorschlagen: „Kommst du zu Tisch, das Abendessen ist fertig." Eine andere Lösung: ihn umarmen, ihn beschmusen, ohne weitere Fragen zu stellen. Aber allzu oft wird ihre Geste als „störend" empfunden. Jeder hat seine Methode. Keine ist unfehlbar.

Eine weitere Gefahr bedroht die Beziehung. Wenn die Frau sich entscheidet, in die gleiche Schweigsamkeit zu verfallen, nimmt sie das Risiko auf sich, sich und ihren Mann schnurgerade in eine partnerschaftliche Katastrophe zu führen. Das Schweigen nimmt immer mehr Raum ein, und was bis dahin Mangel an Kommunikation war, wird eines schönen Tages Unfähigkeit zu kommunizieren.

Auch die Frau kann schmollen, aber es wurde hundertmal bewiesen, daß sie schneller als der Mann „umkippt" und nachgibt, außer sie hat einen Bombenvorwand. Ein Lächeln, eine Streicheleinheit, und schon ist sie wieder zum Dialog bereit. Nicht aus Schwäche, sondern weil sie ein immenses Bedürfnis hat, sich mit ihrem Partner auszutauschen.

Ein Mann, der nicht kapiert, wie stark das Kommunikationsbedürfnis seiner Frau ist, der ihr nie zuhört und ihr gegenüber diesbezüglich nicht die geringste Anstrengung vollbringt, wird die Zweierbeziehung ebenfalls in Gefahr bringen. Er folgt dabei einem vergleichbaren Schema. Was kann man dagegen tun?

> ❀ **Eine goldene Regel:**
> **Zwei Verben : Sprechen und Zuhören.**

Zwei gewöhnliche Verben, die für manche schwierig in die Tat umzusetzen sind, weil Mann und Frau sie nicht gleichermaßen und zu jeweils unterschiedlichen Momenten konjugieren.

3. Von einer Welt zur anderen

Egal, ob der Tag nun anstrengend war oder angenehm, wenn wir nach Hause kommen, brauchen wir in der Regel alle einen Moment zum abspannen. Ein paar Minuten zum Übergang, um die Stimmung von *außen* auf *innen* umzustellen, um die Arbeitswelt gegen das Zuhause einzutauschen und um uns den Aggressionen der Außenwelt zu entziehen, damit wir uns auf die heimische Ruhe einlassen können.

So mancher unter uns empfindet alle Einflüsse, die diesen Moment der Heimkehr durcheinanderbringen, als echte Provokation. Wir befinden uns zwischen zwei Atmosphären, genauso bereit anzugreifen, wie uns angegriffen zu fühlen. Wir fühlen uns bedrängt und bombardiert und brauchen nicht mal einen triftigen Grund, um sofort „auf Attacke" zu gehen! Wir ertragen höchstens ein „Guten Abend" und einen zärtlichen Kuß. Ansonsten gilt es für den anderen, Stillschweigen zu wahren!

> ❀ **Eine goldene Regel:**
> **Wenn Sie beide abends nach Hause kommen, gestehen Sie dem zuletzt Heimkommenden eine Verschnaufpause zu, sozusagen als Überleitung zum Privatleben.**

Sie (oder ihn) mit Fragen überhäufen, sobald sie (oder er) nach Hause kommt, ist wahrlich keine gute Methode, wenn Sie sich auch noch so liebevoll nach ihrem (oder seinem) Tagesablauf erkundigen. Ihre eigenen Tagesgeschehnisse zu erzählen, bringt auch nichts. Sie (oder er) ist einfach noch nicht zum Zuhören bereit. Sie haben es im Grunde doch auch nicht eilig. Es kommt selten vor, daß eilige Fragen besprochen werden müssen.

Warum gestehen Sie sich eigentlich nicht jeden Abend mindestens zehn Minuten zu, um sich zusammenzusetzen. Nur wenige Paare gönnen sich diese Zeit des „Wiedersehens", und das ist schade! Dem anderen zehn Minuten voller Aufmerksamkeit widmen, ist doch nun wirklich keine Zeitverschwendung. Leider, leider erscheint dies wie ein unerschwinglicher Luxus ..., das Abendbrot wartet, die Kinder auch und womöglich der Fernseher!

Auch wenn Sie den Eindruck haben, nichts wirklich Erzählenswertes auf Lager zu haben, so kann es gar nicht sein, daß Sie gar nichts mitzuteilen haben. Wenn Sie mehrere Abende hintereinander das Gefühl haben, daß den Tag über nichts passiert ist, dann können Sie davon ausgehen, daß etwas nicht stimmt. Und wenn Sie genauer darüber nachdenken, ist das für Sie bedenklicher als für Ihren Partner.

Die Frau vermittelt oft den Eindruck, sich mit tausend kleinen Dingen beschäftigt zu haben, seit sie am Morgen aufgestanden ist. Der Mann hingegen scheint zu glauben, daß seine Frau sich nicht für seine Erlebnisse am Tag interessieren wird. Als ginge das Leben, das er fern von seiner Frau führt, nur ihn an. Gott sei Dank, kommt es trotzdem vor, daß er eine Anekdote zu erzählen hat, eine Sorge loswerden muß oder seine Frau an einem Glücksgefühl teilhaben lassen möchte. Aber niemals wird er sich mit Details aufhalten, während die Frau sich genauestens an alle Einzelheiten des Tages erinnert.

4. Der schlimmste Feind: das Schweigen

Eine Partnerschaft von zwei Menschen, die miteinander reden und sich zuhören können, hat alle Chancen, auch auf Dauer vom Glück gesegnet zu sein.

Das Schweigen, mitunter unvermeidbar und direkt angenehm, wenn beide Partner unterschiedlichen Beschäftigungen nachgehen, wird zum Hauptfeind jeder Beziehung, wenn es dauerhaft und mit der Zeit zur Gewohnheit wird. Die Schweigsamkeit ähnelt dann bis zur Verwechslung der Gleichgültigkeit.

Erinnern Sie sich noch daran, wie es war, als Sie noch nicht zusammenlebten?

Bei all Ihren Treffen, egal, wieviel Zeit Sie einander widmen konnten, haben Sie sich niemals darauf beschränkt, sich tief in die Augen zu schauen. Es gab immer auch irgend etwas zu erzählen. Es gibt keinen triftigen Grund, daß das heute anders wäre, auch wenn Sie sich nunmehr jeden Tag sehen.

Damals konnten Sie ihn (oder sie) sogar zum Lachen bringen. Das können Sie heute noch genauso. Es ist extrem wichtig, Ihren ureigenen Humor nicht zu verlieren, auch wenn er nicht mehr jeden Tag aufblitzt.

Im Grunde ist der Humor nichts anderes als ein Mittel zur Verführung, und er ermöglicht einem Paar, wenn auch nicht seine ganze Frische, so doch eine gewisse Jugendlichkeit zu bewahren.

5. Berufsleben und Partnerschaft

Zugegebenermaßen gibt es einen Lebensbereich, wo Zuhören und Kommunikation problematisch ist, nämlich die Berufswelt. Wenn er (oder sie) von der Arbeit erzählt, zeigen Sie sich nicht immer übermäßig interessiert. Ob es sich nun um technische oder mitmenschliche Probleme handelt, Sie haben nicht den Eindruck, daß Sie das Ganze wirklich etwas angeht. Es fällt Ihnen schwer, sich auf den Bericht Ihres Partners zu konzentrieren, ganz einfach, weil sich alles in einer Welt abspielt, die Ihnen total fremd ist. Ob das so richtig ist?

Seien Sie sich bewußt, daß Ihr Partner weniger „wache" Zeit mit Ihnen verbringt als mit seinen Kollegen. Das ist vielleicht ungerecht, aber es ist nun einmal so! Ihr Partner hat logischerweise das Bedürfnis, dieses entfernte Stück Leben mit Ihnen zu teilen. Wenn es ihm (oder ihr) beruflich gut geht, sei Ihnen verziehen, auch wenn Sie den Erzählungen Ihres Partners nur mit halbem Ohr zuhören. Aber wenn er (oder sie) mit Sorgen zu kämpfen hat, ob diese nun gravierend sind oder eher nebensächlich, gleichen seine Berichterstattungen einem Hilferuf. Er (oder sie) erhofft sich nicht unbedingt eine aktive Hilfe oder einen konkreten Ratschlag; Ihr Partner benötigt hauptsächlich ein offenes Ohr und Verständnis.

Um einem echten Problem in unserem Beruf entgegentreten zu können, müssen wir das Gefühl haben, gestützt zu werden und darüber sprechen zu können, damit wir es besser lösen können und „klarer sehen", wie man so schön sagt. Daß jemand außerhalb unseres Arbeitsmilieus uns Rückhalt gibt und wir das auch spüren, gibt uns ganz einfach Kraft.

Nun erwarten Sie aber nicht, daß Ihr Partner Ihnen im Anschluß an Ihren besorgten Bericht unbedingt Recht geben wird. Er hat das Privileg einer gewissen Objektivität, auch wenn er aufgrund Ihrer gemeinsamen Beziehung eher dazu neigen wird, Ihnen gegenüber ein gewisses Maß an Nachsicht zu zeigen. Es ist müßig, mit Ihrem Partner über Ihre Probleme zu sprechen, wenn Sie sowieso den Eindruck haben, daß er Ihnen Recht geben wird. Aus Liebe muß er Sie auch darauf hinweisen dürfen, wenn Sie seiner Meinung nach einen falschen Weg eingeschlagen haben.

❀ Zwei goldene Regeln:

- **Wenn Sie sich mit einem Problem auseinandersetzen müssen:**
  Akzeptieren Sie, daß Ihr Partner über die Schwierigkeiten, die Sie darstellen, diskutiert. Denken Sie nicht, daß er wie ein Richter über Sie urteilt, nur weil er Ihnen vielleicht nicht Recht gibt.
- **Wenn Ihr Partner Ihnen von seinen Problemen berichtet:**
  Wenn Sie denken, daß er im Recht ist, sagen Sie ihm klar und deutlich, daß Sie ihn auf alle Fälle unterstützen werden. Wenn Sie das Gefühl haben, daß er Unrecht hat, geben Sie ihm auch das zu verstehen. Seien Sie dabei aber so diplomatisch wie möglich, damit er Ihre Beurteilung der Situation auch annimmt.

Sich für den anderen interessieren, ihn lieben, heißt, ihm zuhören und mit ihm diskutieren können. Selbst wenn Sie das Mühe kostet, es lohnt sich auf alle Fälle.

Kapitel 8

Die Familie, ein echtes Problem!

Die männliche Version:

Sie: Hast du gesehen, wie spät es ist? Ich hab echt angefangen, mir Sorgen zu machen. Du kommst wirklich spät …

Er: Ich hab bei meiner Mutter vorbeigeschaut.

Sie: Du hättest mir doch Bescheid sagen können.

Er: Ich hatte erst nicht vorgehabt, zu ihr zu gehen. Und als ich dann da war, habe ich nicht mehr dran gedacht.

Sie: Das ist doch nicht zu fassen! Wenn du mit deiner Mutter zusammen bist, sind die anderen plötzlich Luft für dich!

Er: Ich bitte dich. Du wirst mir ja wohl keine Eifersuchtsszene liefern!

Sie: Darum gehts doch überhaupt nicht. Ich hab mich gefragt, wo du bleibst. Das ist alles.

Die weibliche Version:

Sie: Meine Eltern wollen uns am Samstagnachmittag besuchen.

Er: Schon wieder!

Sie: Also wirklich! Du hast Sie schon über einen Monat nicht gesehen.

Er: Dich haben Sie doch gesehen. Reicht das nicht?

Sie: Nein, das reicht ihnen nicht. Sie würden auch dich gerne sehen.

Er: Ich warne dich vor: Ich sehe auf alle Fälle das Fußballspiel. Egal, ob sie da sind oder nicht.

Sie: Kein Problem, du weißt doch, daß mein Vater genauso begeistert ist. Er wird sich das Spiel mit dir zusammen anschauen.
Er: Wie du meinst…

1. Tradition verpflichtet nicht

Schwiegereltern können noch so zauberhaft sein. Irgendwie repräsentieren sie die Vergangenheit und all die Jahre, über die der Partner niemals alles wissen wird.

Außer wenn Sie mit einem Waisen zusammenleben oder mit einem Menschen, der tatsächlich nichts mehr mit seinen Eltern zu tun haben will und sie aus seinem Leben gestrichen hat, müssen sie sich mit Ihren Schwiegereltern arrangieren. Sie werden sich damit abfinden müssen, daß zwischen Ihrem Liebsten (Ihrer Liebsten) und dessen (deren) Eltern ein privilegiertes Verhältnis besteht. Zumindest ist es anders als Ihrer beider Beziehung.

Bedauerlicherweise kommen Diskussionen oder gar Streitereien um die Schwiegereltern sehr häufig vor und sind etwas sehr Banales. Tausende von Paaren kennen diese Situationen. Denken Sie nur an die zahllosen Witze und Geschichtchen über Schwiegermütter. Meinungsverschiedenheiten zwischen Schwiegermüttern und -töchtern sind geradezu Tradition. Aber, solche Traditionen muß man ja nicht fortführen.

Das ist ein Thema, das man nicht für Mann und Frau gleich behandeln kann. Deswegen werden wir die potentiellen Konflikte zwischen Partnerin und Schwiegereltern sowie Partner und Schwiegereltern getrennt darstellen.

Zunächst zu Ihnen, meine Damen! Auch wenn Sie es nicht glauben wollen, es gibt Schwiegermütter, die mit den Frauen ihrer Söhne eine freundschaftliche Beziehung aufgebaut haben. Beide verstehen sich bestens, manchmal zum

„Schaden" der jeweiligen Ehemänner, die dann fragen: „Was steckt Ihr schon wieder unter einem Hut?" Als könnte sich das Einverständnis von Schwiegermutter und -tochter nur gegen die Männer richten!

Wenn Sie keine gute Beziehung zu Ihrer Schwiegermutter haben, können Sie entgegen Ihren Überzeugungen die Situation vollkommen umkrempeln. Es gibt nur eine Ausnahme, nämlich den speziellen Fall, wo eine von Ihnen beiden sich entschieden hat, die andere definitiv nicht ausstehen zu können. Es ist dann auch egal, ob es dafür einen triftigen Grund gibt oder nicht. Außer es geschieht ein Wunder, bleiben solche Situationen hoffnungslos, ganz einfach, weil dann Boshaftigkeit über Vernunft siegt. Was Ihre Schwiegermutter auch sagt, es wird Ihnen mißfallen, und umgekehrt wird Ihre Schwiegermutter Sie grundsätzlich für alles, was Sie tun und lassen, kritisieren.

Es ist notwendig, daß Sie Ihr Verhältnis zu Ihrer Schwiegermutter objektiv analysieren. „Wenn wir uns nicht verstehen, dann ist das ihre Schuld, sie stellt auf stur." Lassen Sie sich nicht unvermittelt zu solchen Einschätzungen hinreißen, denn Ihre Schwiegermutter denkt gewiß das gleiche.

2. Kriegszustände vermeiden

Zuallererst müssen Sie sich vor Augen führen, daß die Spannungen zwischen Schwiegermüttern und Schwiegertöchtern in der Regel durch Eifersuchtsgefühle ausgelöst werden. Ganz offensichtlich handelt es sich um eine gegenseitige Eifersucht: Die Mutter hat des öfteren den Eindruck, daß man ihr den Sohn genommen, ja „gestohlen" hat, und die Ehefrau steht ohnmächtig ihrem Mann gegenüber, der es ihrer Ansicht nach verpaßt hat, die Nabelschnur zu durchtrennen und sich nach wie vor wie ein Muttersöhnchen verhält.

Eine seltsame Beziehung, die in kriegerischen Worten Ausdruck findet. Beide Frauen scheinen sich darin zu gefallen, die Situation zu verschärfen oder zumindest keine positive Entwicklung zuzulassen. Kurz und gut, es kommt weder zu einem Friedens- noch zu einem gegenseitigen Nichtangriffspakt. Tatsächlich träumen beide Frauen davon, die andere zu besiegen, d.h. den Sohn bzw. Mann für sich allein zu behalten. Keine von beiden begreift, daß ihre Liebe unterschiedlicher Natur ist. Schwiegermutter und Schwiegertochter handeln egoistisch, und der Mann, als Stein des Anstoßes, bleibt auf der Strecke.

Es ist nur zu klar, daß sich Ihr Liebster dieser gefühlsmäßigen Teilung nur schwer entziehen kann und dabei meist zum Opfer wird. Wenn er mit der Situation schlecht zurecht kommt, wird er Sie dafür verantwortlich machen, ehe er die Lage überhaupt analysiert hat. Denn er kann und will seine Mutter keinesfalls in Frage stellen oder anschuldigen. Es liegt also wirklich in Ihrem Interesse, die Beziehung zu Ihrer Schwiegermutter zu befrieden. „Okay", werden Sie sagen, „aber was machen?"

Die idealste Lösung ist, Ihren Partner Elternbesuche allein abstatten zu lassen. Das ist selbstverständlich nur möglich, wenn derartige Besuche weder durch ihre Häufigkeit noch Dauer Ihr Paarleben beeinträchtigen. Versuchen Sie Ihrerseits, die gleiche Gewohnheit zu entwickeln und sich dabei an die gleichen Regeln zu halten. Falls zwischen Ihnen und Ihren jeweiligen Schwiegereltern kein harmonisches Verhältnis besteht, können Sie mit dieser Variante die Zahl der leidigen Besuche verringern.

Versuchen Sie bitte auch, sich Ihre Schwiegermutter nicht ständig als Rivalin vorzustellen. Das passiert oft, obwohl nur selten Gründe dafür vorhanden sind. Begreifen Sie, daß Ihre Schwiegermutter überhaupt nicht die gleiche affektive Beziehung zu Ihrem Mann hat wie Sie. Ihre Schwiegermutter liebt ihren Sohn weder mehr noch weniger, weder besser noch schlechter als Sie. Sie liebt ihn anders. Und was Sie auch tun, Sie können sie nicht davon abhalten.

❀ **Eine goldene Regel:**
Versuchen Sie nicht, der Mutter den Sohn wegzunehmen, denn er wird immer ihr Kind bleiben.

Sie würden einen einschneidenden Fehler begehen. Für nichts und wieder nichts würden Sie Zeit und Energie in einen von vornherein verlorenen Kampf verschwenden. Wenn Ihr Mann es nicht selbst wünscht, wird es Ihnen nie gelingen, ihn von der Frau fernzuhalten, die ihm das Leben geschenkt hat.

Wenn Ihnen solch ein verfrühter Gedanke auch mißfällt, denken Sie daran, daß Sie vielleicht auch einen Sohn haben oder später einen haben werden, was Sie zu einer potentiellen Schwiegermutter macht!

❀ **Eine goldene Regel:**
Reden Sie nicht schlecht über die Eltern Ihres Partners. Er würde Ihnen niemals Recht geben!

3. Ein Lächeln kann alles verändern

Wenn Sie ein bißchen Humor an den Tag legen, einige positive Gedanken entwickeln und das Problem – falls es existiert – etwas leichter betrachten, sollte es ihnen eigentlich gelingen, die Beziehung zu Ihrer Schwiegermutter aufzulockern.

Halten Sie sich beispielsweise vor Augen, daß Ihr Mann überhaupt nur dank seiner Mutter existiert. Oder daß Sie jünger sind als Ihre Schwiegermütter und daß Ihre Jugend von unschätzbarem Wert ist. Oder daß Ihr Mann sich seine Mutter nicht ausgesucht hat, während sie seine „Erwählte" sind. All diese Gedanken seien Ihnen gestattet, aber sprechen Sie sie Ihrem Mann gegenüber nicht aus.

Überlegungen dieser Art sollen Ihnen helfen, Ihr Lächeln wiederzufinden und die Dinge mit neuen Augen zu sehen. Sie sind allerdings ausschließlich für den intimen und strikt persönlichen Gebrauch bestimmt. Laut formuliert, liefen Sie Gefahr, sich endgültig mit Ihrer Schwiegermutter zu überwerfen und mit Ihrem Mann ernsthaft Probleme zu bekommen.

Es kann vorkommen, daß Ihre Schwiegermutter Ihre Art kritisiert, bestimmte Dinge zu tun oder zu lassen. Zum Beispiel erzählt sie Ihnen ganz unversehens, daß sie Ihnen von den blauen Vorhängen abgeraten und für fuchsiafarbene plädiert hätte, wenn Sie nur vorher mit Ihr darüber gesprochen hätten... Sie findet Ihr Kalbsragout köstlich, doch fehle irgend etwas am Geschmack... Und da ihr Lieblingssohn ihr eigenes Rezept immer so schmackhaft gefunden hätte, will sie es Ihnen gerne anvertrauen...

Lächeln Sie! Tun Sie so, als wären Sie ganz Ohr und wild auf die Ratschläge Ihrer Schwiegermutter; auch wenn dies nicht der Fall ist. Was macht das schon! Sie entgehen einer Auseinandersetzung, die wahrlich nichts Gutes herbeigeführt hätte. Vermeiden Sie Antworten, wie: „Hier bin ich zu Hause, und ich mache, was ich will." Ihr Sohn ist auch bei sich zu Hause, und ihn zum Zeugen nehmend, könnte Ihre Schwiegermutter Ihnen diese Tatsache unter die Nase reiben. Alles, was dabei herauskäme, wären sinnlose Streitereien, noch dazu mit Kettenreaktion. In dieser Situation darf auch der Schwiegervater nicht vergessen werden, der womöglich in die Diskussion mit einbezogen und zwischen zwei Stühlen, bzw. zwischen zwei Frauen sitzen würde.

„Ich werde darüber nachdenken." Das ist keine Unterwerfung, sondern Diplomatie. Und das ist etwas völlig anderes!

Wenn Sie ohne Aggressionen antworten, demonstrieren Sie damit Ihre Stärke. Ihre Ruhe wird auf Ihre Schwiegermutter entwaffnend wirken und sie dazu bringen, so wie Sie zu reagieren. Schließlich möchte sie ihrem Sohn beweisen, in der Auseinandersetzung nicht der Angreifer gewesen zu sein. Vielleicht haben Sie den Eindruck, sich nicht ganz ehrlich zu verhalten, aber was macht das schon? Ihre Mühen werden belohnt, denn dank Ihrer Anstrengungen können Sie vielleicht den Kriegszustand beenden und einen langfristigen Waffenstillstand herstellen. Alle werden erleichtert sein und sich darüber freuen!

Sie laufen wenig Gefahr, auch mit Ihrem Schwiegervater in offenen Konflikt zu geraten, zumal sich zwischen Ihnen häufig eine Beziehung entwickelt, in der so etwas wie gegenseitige Verführung mitschwingt – selbstverständlich in allen Ehren.

Er will sich nicht in Ihre Verantwortungsbereiche – sprich, Haus und Kinder – einmischen, weil ihn das seiner Meinung nach nichts angeht. Ihre Gespräche und Diskussionen sind genereller Art, so daß sich Konfrontationen leicht vermeiden lassen. Außerdem ist er stolz, daß sein Sohn jetzt ein „ganzer" Mann ist, und so wird er sich nur selten in Ihre Zweierbeziehung einmischen wollen. Er wird das nur in dem Fall versuchen, wenn er den Eindruck gewinnt, daß Sie Ihren Mann dominieren. Er kann zweierlei Beweggründe haben: Entweder fühlt er sich stellvertretend für seinen Sohn in seinem männlichen Stolz verletzt, oder aber Sie reproduzieren ein Schema, das Ihr Schwiegervater aus seinem eigenen Eheleben kennt, worunter er leidet, und das er seinem Kind ersparen will.

Was gilt es hier zu tun? Zuallererst müssen Sie ihm zeigen, daß Sie seinen Sohn lieben, und daß es Ihr wichtigstes Anliegen ist, ihn glücklich zu machen. Anschließend können Sie unter Einsetzung all Ihrer Überzeugungskraft über die Angelegenheit diskutieren. Eigentlich sollte es Ihnen gelingen, die Wogen wieder zu glätten.

4. Und die Schwiegersöhne ...

Während man so oft über die (schlechte) Beziehung zwischen Schwiegermüttern und -töchtern spricht, macht man sich viel seltener über die Beziehung zwischen Schwiegervätern und -söhnen lustig. Dabei herrscht auch hier nicht immer eitel Sonnenschein, und wenn die beiden Männer aneinandergeraten, kündigt sich meist ein größerer Sturm an!

Die Auseinandersetzungen zwischen den beiden sind in der Regel weniger augenscheinlich und spielen sich auf neutralerem Boden ab. Die Männer messen sich, indem sie über ihren Beruf, über Gehälter, Handwerkereien oder zum Beispiel über Politik reden. Wenn es in der Diskussion eher um die Privatspäre geht, wird der Vater seine Liebe zu seiner Tochter betonen. Er wird nicht immer gleich ausdrücklich daran zweifeln, ob sein Schwiegersohn in der Lage ist, seine Tochter glücklich zu machen. Wenn einer dem anderen offene Vorwürfe macht, geht das Ganze meist mit Übertreibungen einher.

Wie bei den Schwiegermüttern und Schwiegertöchtern spielt auch in ihrer Beziehung die Eifersucht eine Rolle. Es geht beiden um die gleiche Frau, und jeder behauptet, besser zu wissen, was sie glücklich macht, und sie besser zu kennen. Der eine wirft sein väterliches Privileg in die Waagschale, der andere hält seinen Status als Ehemann dagegen. Dabei entgeht beiden, daß sie über eine erwachsene Frau sprechen, die entscheiden kann, was gut für sie ist und die weiß, wo es langgeht.

Ähnlich wie der Mann fühlt sie sich nicht in der Lage, zwischen Vater und Partner zu wählen und erträgt beider

Streitigkeiten nur sehr schlecht. Zwangsläufig wird auch sie zum Opfer des Konflikts.

Für einen Mann ist es schwieriger, „zu tun, als ob", denn sein Stolz spielt ihm in der Auseinandersetzung mehr als einen Streich. Lächelnd so zu tun, als beachte man die schwiegerväterlichen Ratschläge, obgleich man sie natürlich nicht in die Tat umsetzt, erscheint dem Mann viel unvorstellbarer als der Frau.

Er will beweisen, daß er im Recht ist und weigert sich, das Handtuch zu werfen. Dabei zeigt er Diplomatie, wenn es darum geht, den anderen zu überzeugen und auf seine Seite zu bringen. Aber das Wort *Zugeständnis* fehlt in seinem Vokabular. *Konzessionen machen* klingt in seinen Ohren wie Verzicht und Kapitulation.

Also meine Herren, wenn Sie wirklich nicht zum geringsten Kompromiß in der Lage sind und Ihr Verhältnis zu Ihrem Schwiegervater sehr konfliktreich ist, dann gibt es nur noch eine Lösung: Vermeiden Sie potentielle Konfliktsituationen, und versuchen Sie, die Diskussion auf Themen zu lenken, die nicht sofort zu Streitereien führen.

Verkneifen Sie sich, Ihre Frau oder Schwiegermutter in die Sache mit hineinzuziehen! Verlieren Sie nicht aus den Augen, daß beide Frauen Richter und Prozeßteilnehmer zugleich sind, und daß sie genauso wenig wie Sie selbst zugunsten des einen oder des anderen entscheiden wollen...

Ihre Frau bittet Sie, sich ihren Eltern gegenüber Mühe zu geben. Ihr ist vollkommen bewußt, daß Sie Ihnen damit einen Liebesbeweis abverlangt.

Es liegt an Ihnen, abzuwägen, ob Sie dazu in der Lage sind, und ob Sie Ihre Frau so lieben, daß Sie dieses Opfer mit einem Lächeln auf den Lippen aufbringen können. Ihre Frau schafft es immerhin, sich Ihrer Mutter gegenüber so zu verhalten; vergessen Sie das nicht ...

Und es gibt da natürlich auch noch Ihre Schwiegermutter. Wenn es zwischen Ihrer Frau und Ihrem Vater so etwas wie gegenseitige Anziehung gibt, so ist die Sache zwischen Ihrer Schwiegermutter und Ihnen anders gelagert. Häufig identifiziert sich Ihre Schwiegermutter mit ihrer Tochter und möchte über sie entweder ihre Jugend wiedererleben oder ein Ideal erfüllen, das sie selbst niemals erreicht hat.

Deswegen ist es angebracht, Ihrer Schwiegermutter mit einem gewissen Maß an Reserve zu begegnen. Schenken Sie ihr Blumen, bezeugen Sie ihr Respekt, lassen Sie Ihren Charme spielen, aber vermeiden Sie ein Zuviel an Vertraulichkeiten. Das könnte Ihrer Beziehung schnell einen falschen Beigeschmack geben, auch wenn die Dame dreimal eine „wunderbare Frau" ist.

5. Einmischungsverweigerung

Mütter sind immer geneigt, ihren Töchtern Ratschläge zu geben. Wenn Ihre Schwiegermutter den Eindruck hat, daß Sie damit einverstanden sind, wird sie das womöglich weiter treiben, als Ihnen das recht ist. Ihr Vorwand wird sein, daß sie Ihnen ja nur gute Dienste leisten will. Wenn Sie sich hingegen weigern, bestimmte Aspekte Ihrer Zweierbeziehung zu enthüllen, wird sie Ihnen gewiß vorwerfen, kalt und verständnislos zu sein. Da hat sie Pech gehabt!

> ❀ **Eine goldene Regel:**
> **Jedes Paar muß seinen privaten Lebensraum abgrenzen.**

Eltern haben weder die Pflicht noch das Recht, sich in die Beziehungsangelegenheiten ihrer Kinder einzumischen. Wenn sie trotzdem die Tendenz dazu zeigen, so ist es Ihre Pflicht, Widerstand zu leisten. Obwohl das wahrscheinlich schwierig ist, müssen Sie die richtigen, d.h. nicht verletzenden, aber effektiven Worte finden, um den Eltern zu erklären, daß jeder das Leben des anderen respektieren muß. Es ist nämlich schöner, sich aus Freude statt aus reinem Pflichtgefühl zum Familientreffen einzufinden.

Wenn Sie in Ihrer Zweierbeziehung gerade eine Krise durchwandern, sollten Sie es vermeiden, Ihren Eltern davon zu erzählen. Diese Regel gilt nicht, wenn Sie den Eindruck haben, nur ihnen vertrauen zu können und Sie Ihren Vater oder Ihre Mutter deswegen zu Rate ziehen wollen. Allerdings gibt es nur wenige vollkommen objektive Eltern. Was ja nicht weiter verwunderlich ist.

Außerdem werden sie nur Ihre Version der Tatsachen und Problemursachen hören. Was können Ihre Eltern anderes tun, als Sie zu trösten oder Ihnen gemäß ihrer eigenen Lebensschemata Ratschläge zu geben.

Wenn sie Ihnen Lösungsvorschläge machen, die Sie nicht annehmen können, weil sie weder Ihrer Persönlichkeit noch Ihrer Situation entsprechen, kommt es womöglich noch zu einem zusätzlichen Konflikt mit Ihren Eltern.

❀ **Eine goldene Regel:**
Appelieren Sie nie an Ihre Eltern, um Ihre Beziehungsprobleme zu lösen.

Ihre Aufgabe ist es weder, Zeuge dieser Konflikte zu sein, noch sie zu beurteilen. Stellen Sie sich vor, Ihre Partnerin würde gleichermaßen verfahren. Zwischen den Lösungsvorschlägen der einen und der anderen wüßten Sie überhaupt nicht mehr, woran Sie in Ihrer Zweierbeziehung sind.

Es gibt auch Eltern, die ihre Kinder ständig drängeln, Vertraulichkeiten über ihr Eheleben mitzuteilen. Sowie sie die geringste Unstimmigkeit wahrnehmen, kommt sofort das unvermeidliche „Ich an deiner Stelle würde aber ..." Sie sind aber nicht an Ihrer Stelle und sollten sich nicht in Dinge einmischen, die sie in gewisser Weise nichts angehen, auch wenn sie sich ihren Kindern noch so verbunden fühlen.

Vielleicht gehören Sie zu denen, die unabhängig von ihrem Alter nicht in der Lage sind, die Nabelschnur zu durchtrennen. Das Risiko der Beeinflussung und Einmischung ist dann groß, was für Sie und Ihren Partner nicht zwangsläufig zum Besten ist.

❀ **Eine goldene Regel:**
Selbst wenn Sie ein hervorragendes Verhältnis zu Ihren Eltern haben, sollten Sie mit Vertraulichkeiten über Ihr Intimleben nicht zu weit gehen.

Ihrem Partner würde es ganz gewiß mißfallen, eines Tages mitzubekommen, daß Sie Ihrem Vater oder Ihrer Mutter brühwarm alle Details Ihrer Zweierbeziehung schildern. So wie auch Sie nicht wollten, daß Ihr Partner das tut. Das heißt selbstverständlich nicht, daß Sie über alles schweigen sollen. Versuchen Sie nur, der Situation Rechnung zu tragen und zwischen „Erzählbarem" und „Nicht- Erzählbarem" zu unterscheiden.

♥

6. Zusammenleben während der Ferien

Ein weiteres Problemthema der Familie sind die Ferien. Selbst wenn heute die verschiedenen Generationen selten unter einem Dach wohnen, kommt es gerade in den mediteranen Ländern häufig vor, daß Eltern mit ihren erwachsenen Kindern den Urlaub verbringen wollen – oder auch umgekehrt. Aber wo der eine mit seiner Familie verreist, verreist der andere mit seiner Schwiegerfamilie…

> ❀ **Eine goldene Regel:**
> **Überlegen Sie gut, bevor Sie sich entscheiden, gemeinsam mit Eltern oder Schwiegereltern Urlaub zu machen.**

Die Sache wird noch heikler, wenn verwitwete oder geschiedene Elternteile alleinstehend sind. Egal, wie sich die Situation konkret darstellt, und egal, wie wunderbar Sie sich das Jahr über verstehen, Sie verbringen im Alltag doch niemals 24 Stunden am Stück zusammen. Über diese Tatsache sollten Sie nachdenken. Jeder hat seine Gewohnheiten oder gar Manien. Wenn diese einander entsprechen, wird alles gut gehen; aber wehe, wenn nicht! Die einen werden ungehindert bis in die Puppen schlafen wollen und sich nicht um Pünktlichkeit scheren, während die anderen sich Mahlzeiten zu festen Zeiten wünschen. Die einen werden zeitig zum Strand gehen wollen, während die anderen die Mittagssonne nicht aushalten. Es wird an Ratschlägen nur so wimmeln, auf die als Echo immer giftigere Antworten folgen werden.

Das Leben in einer Gemeinschaft ist niemals einfach. Es ist noch komplizierter, wenn es sich dabei um ein Zusammenleben verschiedener Generationen handelt, d.h. von Leuten, die sich sehr mögen, aber auch ständig aneinander geraten. Das kann sogar zu gravierenden Spannungen in der Zweierbeziehung führen. Diese sind um so schwerwiegender, als sie in der Ferienzeit auftauchen, in der das Paar Entspannung sucht und eigentlich wieder Zeit für sich oder für sich und seine Kinder finden soll. Das trifft erst recht zu, wenn das Paar im Alltag nicht genügend Zeit füreinander hat.

Wenn einer der beiden Partner seinen Vater oder seine Mutter gegen den Willen des anderen mit in Urlaub nehmen will, wird oft folgendes Argument angeführt: „Ich will ihn (oder sie) nicht allein lassen. Ich würde mich beunruhigen und mir den ganzen Urlaub über Sorgen machen." Das mag ja sein. Wenn Sie Ihren Schwiegervater oder Ihre Schwiegermutter nun aber wirklich nicht bei sich beherbergen wollen, was können Sie angesichts einer solchen Argumentation einwenden? „Was soll ihm (oder ihr) schon passieren ... Hör auf, dich immer so zu ängstigen ... Du kannst doch jeden Tag anrufen ..." und ähnliche Einwürfe werden nicht viel Wirkung zeigen.

Hingegen können Sie erklären, daß Ihnen diese Tage der Freiheit und Entspannung am Herzen liegen, und daß das Kommen Ihres Schwiegervaters oder Ihrer Schwiegermutter eine echte Bürde wäre – um nicht zu sagen, die Hölle schlechthin. Und zwar für alle, weil Sie nicht gewillt sind, auch nur das geringste Zugeständnis zu machen oder sich auch nur ein bißchen Mühe zu geben. Es handelt sich hierbei um eine Art Drohung, die einer Erpressung nicht unähnlich ist und voraussichtlich eine Ehekrise heraufbeschwören wird, in der Sie beschuldigt werden, bösen Willens zu sein. Vielleicht lohnt es sich ja trotzdem?

7. Großeltern

Ein weiteres Argument, das häufig benutzt wird: Ein Großvater oder eine Großmutter am Ferienort wären für die kleinen Kinder da, und Ihr Freiraum würde sich vergrößern. Das stimmt! Sie müssen also die gewonnene Freiheit und die mit dem Besuch verbundene Störung gegeneinander abwägen.

Wenn wir schon von den Kindern sprechen: Nicht nur in Ferienzeiten lösen die Kinder Konflikte aus. Sie können zum Thema familiärer Unstimmigkeiten zwischen Ihren Eltern, Ihren Schwiegereltern und Ihrem Partner und Ihnen werden. Achtung, Achtung! Wenn zwischen beiden Familien keine echte Harmonie besteht, wird hier schnell abgerechnet!

> ❀ **Eine goldene Regel:**
> **Verteidigen Sie vorrangig Ihre Partnerschaft und Ihre Kinder.**

Wenn endlich das niedliche Baby zur Welt kommt, stürzen die Großeltern heran, um es zu bewundern, und das ist völlig natürlich. Es darf hingegen nicht Vorwand für einen unpassenden Überfall sein. Von Anfang an müssen Sie die Regeln festsetzen, auch wenn das nicht allen gefällt.

Nach einer gewissen Zeit kommen Vorschläge, gelegentlich auf Ihr Kind aufzupassen. Es darf nicht zum Objekt der Rivalitäten zweier Familien werden. Ob Vater oder Mutter, Sie haben absolut das Recht zu wählen, wem und wann Sie Ihr kleines Schätzchen anvertrauen wollen. Das führt manchmal zu Stimmungsschwankungen in der Beziehung und Bemerkungen wie: „Du läßt das Kind immer deiner Mutter... Meine würde auch gerne ab und zu auf es aufpassen!" Da können Sie Ihre Entscheidung dreimal erklären, es wird immer so etwas wie ein Gefühl der Ungerechtigkeit bestehen bleiben, mit dem Sie schlecht umgehen können.

Wenn Sie keine Krisen mit Ihrem Partner heraufbeschwören möchten, müssen Sie die Abende oder Tage, an denen Sie Ihr Kind den Omas anvertrauen, dosieren und eine gewisse Angst akzeptieren für den Fall, daß Sie in die eine oder andere Oma nicht vollstes Vertrauen haben.

Und was erst, wenn eine der Großmütter das Kind großzieht. Sie arbeiten beide und haben weder einen Platz in der Krabbelgruppe noch bei einer Tagesmutter gefunden oder können sich beides nicht leisten. Es bleibt nur noch eine Lösung: eine der beiden Großmütter fragen, ob sie sich um ihren Enkel (ihre Enkelin) kümmern will. Wenn beide Großmütter fit und disponibel sind, stellt sich die Qual der Wahl. Sprechen Sie mit Ihrem Partner darüber. Jeder kennt seine eigene Mutter gut, und keiner möchte, daß sein Kind hin- und hergerissen wird.

Wägen Sie die Schwachpunkte und Qualitäten beider Frauen ab. Denken Sie ausschließlich an Ihr Kind und nicht an mögliche Beleidigungen, die Ihre Entscheidung auslösen könnte. Gehen Sie davon aus, daß sich die Sache mit der Zeit wahrscheinlich arrangieren wird. Das Wichtigste ist, daß Sie sich mit Ihrem Partner einig sind und daß die Situation keine Auswirkungen auf Ihre Zweierbeziehung hat. Es ist Rolle des Sohnes (oder der Tochter), seiner (oder ihrer) Mutter und „ausgespannten" Großmutter die Motive Ihrer Entscheidung zu erklären.

Wie wird Ihr Sohn oder Ihre Tochter die Großeltern nennen? Machen Sie sich bezüglich dieser weniger zentralen Frage keine größeren Gedanken, auch wenn sie doch bedeutender erscheint, als man auf den ersten Blick annehmen kann. Omi, Opi, Großmutter, Großvater, Oma, Opa … entsprechend deren Wünschen oder je nach Initiative Ihres Kindes. Es wird schon zurechtkommen. Wenn es nicht sogar nette Kosenamen erfinden wird, von denen die Großeltern entzückt sein werden. Lenken Sie jedoch besser von Namensgebungen ab, die Ihren Eltern mißfallen könnten.

♥

Die Familie ist nicht nur „Kampfarena", sondern auch Quelle des Glücks und des Wohlbefindens. Es muß nur jeder das Seinige dazu tun. Wenigstens den anderen respektieren, wenn es schon an Gefühlen der Liebe und Zuneigung mangelt!

Kapitel 9

Lästige Freunde

Szenen aus dem Leben zu zweit
Zu Anfang:

Sie: Ich habe Sylvia getroffen; sie hat uns vorgeschlagen, mit ihr und Lennart dieser Tage mal auszugehen.
Er: Oh nein! Bitte nicht die!
Sie: Warum? Sie sind doch nett. Wir kennen uns schon lange, weißt du ...
Er: Okay, aber sie gefallen mir nicht. Höflich ausgedrückt, sie langweilen mich.
Sie: Weil du sie nicht gut kennst.
Er: Vielleicht, aber ich hab echt keine Lust, sie näher kennenzulernen.
Sie: Wie du meinst ... Schade!

Später:

Er: Wie wär's denn, wenn wir Anne und Christoph nächsten Samstag zum Abendessen einladen?
Sie: Samstag? Ach nein! Ich hab mir vorgenommen, nachmittags einzukaufen und anschließend zum Friseur zu gehen!
Er: Das ist doch nicht unvereinbar. Außerdem mußt du mit Anne und Christoph kein Gedöns machen, die sind unkompliziert, und es sind echte Freunde.
Sie: Natürlich ... Aber ich würde gerne dein Gesicht sehen, wenn ich ihnen ein bißchen Schinken mit Salat serviere!
Er: Na, das muß ja nun nicht sein ...

Sie: Schatz, weißt du, auch ein einfaches Abendessen gart nicht von allein!
Er: Ich helfe dir.
Sie: Wie immer… mehr mit Worten als mit Gesten. Du wirst mich fragen, was es zu Essen gibt und gehst den Wein holen. Stimmts?
Er: Immerhin.
Sie: Okay, ich ruf sie schon mal an und frage, ob sie überhaupt Zeit haben.

♥

Kommen wir noch einmal auf die erste Szene zurück. Sie betrifft die Paare, die noch am Anfang ihres Zusammenlebens stehen. Seltsamerweise kann man feststellen, daß Männer und Frauen, die eine Zweierbeziehung eingegangen sind, selten alle ihre „vorherigen" Freunde beibehalten. Es findet eine – nicht immer natürliche – Auswahl statt.

Es wird oft behauptet, daß das Auftauchen einer Frau zwei Männer auseinanderbringen kann, obwohl deren Freundschaft bis dahin unzertrennlich erschien. Aber auch Männer sind durchaus in der Lage, zwei befreundete Frauen auseinanderzubringen. Zumal eine Frauenfreundschaft viel mehr von regelmäßigen Kontakten abhängig ist wie eine Männerfreundschaft, für die lange Sendepausen keine Bedrohung darstellt.

1. Das sind deine Freunde, nicht meine!

Außer wenn Sie mit einem Einzelgänger (oder einer Einzelgängerin) zusammenleben, achten Sie darauf, nicht definitiv den Kontakt zu den Leuten aufzugeben, mit denen Sie vor Ihrer Beziehung zu tun hatten. Auch Verliebte können nicht ewig allein auf der Welt umherwandeln.

> ❀ **Eine goldene Regel:**
> **Verscheuchen Sie nicht alle Leute, mit denen Ihr Partner in Kontakt stand, bevor Sie sich kennenlernten.**

Es ist eine Milchmädchenrechnung, von unserer Eifersucht motiviert, auch wenn wir das abstreiten. Wir zwingen unseren Partner, zwischen Liebe und Freundschaft zu wählen. Selbst wenn die Liebe in den Anfangszeiten Oberwasser haben wird, so bereut er (oder sie) eines Tages, die Freunde aus den alten Junggesellenzeiten verstoßen zu haben. Es könnte gut sein, daß er (oder sie) sich mit Nostalgie an diese Zeiten der Freiheit erinnert und es bedauert, jene Unabhängigkeit aufgegeben zu haben.

Man kann ebenfalls feststellen, daß bei der Frau die Männerfreunde des Partners immer besser wegkommen als Frauenbekanntschaften. Das gilt auch umgekehrt. Der Grund ist offenbar: Jeder sieht die anderen als Rivalen.

> ❀ **Eine andere Goldregel:**
> **Wenn Sie ein Mann sind, bilden sie sich bitte nicht ein, daß jeder Typ, den Ihre Frau Ihnen vorstellt, irgendwann mal in sie verliebt war oder gar ihr Liebhaber gewesen ist.**
> **Wenn Sie eine Frau sind, glauben Sie nicht, in jeder Frau, die Ihr Mann Ihnen vorstellt, eine ehemalige Geliebte sehen zu müssen oder anzunehmen, er wäre in sie verliebt gewesen.**

Sie leben mit einem charmanten Wesen zusammen, das früher sicher schon andere Herzen erobert hat. Trotzdem sollten Sie sich vor Augen halten, daß es auch platonische Freundschaften und Kameradschaften gibt! Stellen Sie sich umgekehrt vor, er (oder sie) würde diese Denkweise so weit führen, daß er (oder sie) Ihnen grundsätzlich keine Vertreter des anderen Geschlechts vorstellen würde, aus Angst, diese könnten Sie verführen. Die Eifersucht muß Grenzen haben, wenn Sie Ihr Zusammenleben nicht in eine Hölle verwandeln wollen.

2. Gemeinsame Freunde

Nach einigen Jahren gemeinsamen Zusammenlebens stellt sich das Problem in anderer Weise. Die Freundschaften von „vorher" sind ausgesiebt worden, und es bleiben nur noch die übrig, die auch Ihre Zustimmung gefunden haben. Sie haben gewiß auch gemeinsam Bekanntschaften geschlossen, die Sie wiederum unterschiedlich schätzen. Was passiert dann, wenn einer von beiden Lust hat, bestimmte Leute zu sehen, andere jedoch nicht.

Ein simples, aber ehrliches „Ich hab keine Lust, sie zu sehen" reicht schon, um einen Streit vom Zaun zu brechen, weil der vorgeschobene Grund für die Verweigerung vom Partner nicht anerkannt wird. Die Diskussion, die sich dann entfacht, ist gespickt mit Phrasen wie im folgenden Schlagabtausch:

„Aber ich habe doch schließlich unlängst XY ertragen, obwohl ich mich zu Tode gelangweilt habe." – „Okay, zugegeben, aber das ist doch noch lange kein Grund, mir das gleiche anzutun." Vorsicht, Vorsicht, hier liegt Erpressung in der Luft. Bestenfalls endet das Ganze mit einem „Du könntest dich doch wirklich ein bißchen zusammennehmen!" Entweder Sie bleiben bei Ihrem „Nein", und dann kommt's zum echten Beziehungskrach, oder Sie geben nach.

Was passiert, wenn Sie sich letztlich überreden lassen, Leute zu sehen, mit denen Sie so gar nichts anfangen können?

- Sie kommen mit Widerwillen, sind zu keinem Lächeln fähig und gar nicht willens, Ihren Frust über die Ihnen gestohlene Zeit zu kaschieren. Ihr Partner wird deswegen sauer auf Sie, und womöglich kommt es zu einem neuen Krach, wenn Sie erst wieder zu zweit zu Hause sind. Er wird Ihnen vorwerfen, ihm einen Moment vergrault zu haben, den er wirklich hätte genießen können, wenn Sie sich nur wie versprochen ein bißchen angestrengt hätten. Hat Ihr Partner da wirklich Unrecht?
  Wenn Sie sich schon auf ein solches Treffen einlassen, ist es zweifellos für alle Beteiligten das beste, mögliche Unannehmlichkeiten zu ignorieren.
- Trotz Ihrer Antipathien akzeptieren Sie das Treffen, um Ihrem Partner einen Gefallen zu tun. Lächeln Sie! Geben Sie allen den Eindruck, sich über ihre Anwesenheit zu freuen. Wenigstens stellen Sie Ihre Höflichkeit unter Beweis. Zeigen Sie sich gesellig, auch wenn Sie solche Schmierenkomödien sonst nicht leiden können und immer für Ihre Ehrlichkeit gerühmt werden. Ihr Partner wird es Ihnen hoch anerkennen, daß Sie gute Miene zum bösen Spiel gemacht und ihm einen netten Abend geschenkt haben.

> ❀ **Eine goldene Regel:**
> **Wenn Sie bereit sind, sich Mühe zu geben, halten Sie dann aber auch durch.**

3. Das Risiko des „Jeder für sich"

Befragen Sie sich ebenfalls, ob Sie überhaupt gute Gründe zu einer Absage haben. Ihre Animositäten können als Begründung durchgehen, vorausgesetzt, Ihr Partner hat all die gern, die Ihnen am Herzen liegen. Sonst könnte sich der

Spieß womöglich umdrehen. Natürlich können Sie Ihre Freunde auch allein besuchen gehen, wenn beide damit einverstanden sind, daß der andere einen Abend ohne ihn verbringt. Das ist der Fall bei einigen – offenbar immer zahlreicheren – Paaren, aber eben nicht bei allen. Was man an Alleingängen bezüglich der Elternbesuche akzeptiert, gilt noch lange nicht für freundschaftliche Kontakte. Diese Abende „ohne den anderen" kommen manchmal nicht gut an und werden mit Unabhängigkeitswünschen gleichgesetzt.

Es kommt zu Situationen, in denen es schwer fällt, dem Partner einen Gefallen auszuschlagen, ohne ihn zu verletzen oder eine Beziehungskrise heraufzubeschwören. Wenn Sie ein plötzliches Unwohlsein vorschieben, ist dies keine Lösung von Dauer, so daß sich das Problem innerhalb kürzester Zeit neu stellt. Und wenn Sie vortäuschen, etwas anderes – vielleicht sogar ein Abendessen zu zweit geplant zu haben, wird die heikle Angelegenheit wiederum verschoben und nicht aufgehoben.

Es bleibt Ihnen eigentlich nur die Möglichkeit, auf Ihrer Position zu beharren. Sie weigern sich strikt, besagten „Freund" zu sehen, und sollte das eine Krise auslösen, können Sie davon ausgehen, daß sie schon wieder abebben wird. Nutzen Sie die Gelegenheit, und erklären Sie die Gründe Ihrer Weigerung. Achten Sie darauf, Ihrem Partner nicht das Gefühl zu geben, grundsätzlich an der Wahl seiner Freunde etwas auszusetzen zu haben.

♥

So wie familiäre Bindungen, können auch freundschaftliche Beziehungen Konflikte auslösen. Man muß lernen, damit umzugehen und bestimmte Zugeständnisse zu machen… und zwar beidseitig!

Kapitel 10

Das liebe Geld

Szenen aus dem Leben zu zweit:

Sie: Sag mal, Schatz. Wie wär's denn, wenn wir uns wieder mal eine Woche Wintersport gönnen würden?

Er: Gute Idee, aber kannst du mir vielleicht auch sagen, wo das Geld dazu herkommen soll?

Sie: Woher? Gute Frage, du sparst ja grundsätzlich nicht.

Er: Du auch nicht, möchte ich dir da nur in Erinnerung rufen.

Sie: Ich würde schon gerne, aber mit dem, was ich verdiene, ist das wirklich unmöglich.

Er: Stell dir vor, mir geht es genauso. Eigentlich solltest du das auch wissen.

Sie: Nicht ganz. Und überhaupt. Du vergißt auch, daß die Miete teurer geworden ist.

Er: Nebenbei bemerkt, die Telefonrechnung auch ...

♥

Das Geld steht oft im Zentrum von Leidenschaft und Streitereien. Geld regiert die Welt, heißt es. Jedenfalls kann es für Paare zu einem echten Spannungsfaktor werden. Wenn wir nicht in der Lage sind, unsere materiellen Probleme in den Griff zu bekommen, führen diese schnell in Konfliktsituationen. Arbeiten beide Partner, so muß von Anfang an entschieden werden, wer was bezahlt. Das ist die Voraussetzung für klare Verhältnisse und gegenseitige Übereinstimmung.

1. Miteinander über Geld reden können

> ❀ **Eine goldene Regel:**
> **Reden Sie sich nicht ein, daß Geld unwichtig sei.**

Das wäre ein Irrtum. Wenn so manchen Paaren zu Beginn ihrer Zweierbeziehung Diskussionen ums Geld unangebracht erscheinen, kann dieses Thema irgendwann unerwartete Dimensionen annehmen, wenn vorher nicht darüber gesprochen wurde.

Sie können Geldsorgen schon ignorieren und sich wie die großzügigste Person auf Erden verhalten. Das geht bis zu einem gewissen Punkt gut. Kritisch wird's, wenn ein Budget o.ä. erstellt werden muß, um größere finanzielle Katastrophen zu vermeiden.

Wenn Sie zusammenleben wollen, entscheiden Sie ganz einfach, ob Sie gemeinsame Kasse machen oder aber Ihre Gehälter getrennt verwalten. Reden Sie unbedingt über diesen Aspekt Ihres Zusammenlebens, auch wenn Ihnen das zutiefst auf die Nerven geht.

Die Erfahrungen von zahlreichen Paaren haben gezeigt, daß eine gemeinsame Kontoführung ohne Auflistung der beidseitigen Ausgaben keineswegs immer die richtige Lösung ist, um die gemeinsamen Einkünfte zu verwalten oder materielle Fragen auszuklammern.

Gemeinsames Konto: ja oder nein? Meist entscheiden sich die Paare, die Unkosten exakt aufzuteilen: „Du zahlst die Miete, ich die Versicherungen. Ich zahle das Telefon, du die Rechnung von den Stadtwerken. Du zahlst die laufenden Kosten, ich finanziere den Urlaub ...", je nach Einkommen. Das ist gar nicht so einfach.

Wenn alles von Anfang an abgeklärt wurde, gibt es a priori keinen Anlaß für Streitereien ums Geld. Aber, aber ...

Wenn auch nur in den Ansätzen irgendetwas mit der

partnerschaftlichen Harmonie nicht stimmt, werden Geldfragen schnell zum Anlaß für mehr oder minder berechtigte „Szenen". Oft müssen die Telefonrechnungen oder Heizkostenrechnungen herhalten, weil sie im Gegensatz zur Miete von Ihnen beeinflußt werden können, auch wenn Ihnen solche Sparprinzipien mißfallen.

Ja, und dann gibt es natürlich die unvorhergesehenen, sich mehr oder minder summierenden Ausgaben. Eine Waschmaschine, die den Geist aufgibt, gesundheitsbedingte Ausgaben, eine Einladung zu einer Hochzeit, keine passende Garderobe im Kleiderschrank oder kein Geld für ein angemessenes Hochzeitsgeschenk. Solche Situationen können bittere Bemerkungen heraufbeschwören.

❀ **Eine goldene Regel:**
Geben Sie sich alle Mühe zu vermeiden, daß die Diskussionen ums Geld einen giftigen Unterton bekommen.

Gespräche über die gemeinsame Finanzlage können urplötzlich umkippen und einen äußerst unangenehmen Unterton annehmen.

2. Achtung, Gefahr!

Die Meinungsverschiedenheiten, die durch Geldgeschichten ausgelöst werden, sind selten „sauber". Passen Sie also darauf auf, keinen Anlaß dazu zu bieten oder sie womöglich heraufzubeschwören. Wenn es ums Geld geht, sieht es mit Zugeständnissen schlecht aus. Wie kann man Einschränkungen akzeptieren, ohne mit der Zeit auf den anderen sauer zu werden, weil er sich nach wie vor alles gönnt?

Wenn es sich bei den unvorhergesehenen Kosten um etwas Ernstes handelt wie etwa um die Gesundheit, wird selbstverständlich jeder um Lösungen bemüht sein, ohne den anderen zu belasten. Aber wehe, wenn es sich dabei um Nebensächlichkeiten handelt! „Also wirklich, unser Wohnzimmer müßte mal neu gestrichen werden, ich frage mich, wann wir das endlich machen lassen." Ihre aufgeregten Forderungen wären mehr als unangebracht, wenn Sie andererseits entschieden hätten, sich ein neues Auto zu kaufen, obwohl Ihr alter Wagen noch vollkommen in Ordnung war. Bestenfalls ernten Sie ein giftiges: „Da hättest du eben vorher dran denken müssen!"

In keinem anderen Bereich ist es wohl notwendiger, sich abzusprechen, als wenn es darum geht, ein Haushaltsbudget zu erstellen oder finanzielle Prioritäten zu setzen. Einer von beiden braucht immer irgend etwas oder möchte sich gerne irgendetwas kaufen. Das ist ja auch nur natürlich, denn man soll sich ruhig auch mal etwas Gutes tun. Ideal wäre es, eine gemeinsame Kontoführung zu respektieren, ohne dem anderen seine Ausgaben exakt vorrechnen zu müssen. Das ist nur eine Frage des gegenseitigen Vertrauens. Ihr Partner muß in der Überzeugung leben können, daß Sie sich nur das gönnen, was Ihre gemeinsame Kasse auch verkraften kann, und daß Ihre unvorhergesehenen Ausgaben keinerlei Konsequenzen haben werden.

Eine gemeinsame Scheckkarte ist zu vermeiden. Jeder sollte seine eigene besitzen, damit es in Krisenzeiten nicht zu Szenen kommt, in denen jeder Partner die Ausgaben des anderen kontrolliert und Rechtfertigungen über jede Position des Kontoauszugs verlangt.

Es gibt Umstände im Leben, die dazu führen können, daß man finanziell kürzer treten muß. Leider passiert das früher oder später so ziemlich allen von uns. Dabei darf keiner das Gefühl bekommen, seinen Lebensstil einseitig und ohne die Solidarität des anderen einzuschränken. Es scheint natürlich, Sparmaßnahmen gemeinsam durchzuführen. Wenn aber nur einer von beiden diese Einschränkungen auf sich nimmt, hat er (oder sie) schnell das Gefühl, auf sehr einseitige Weise Opfer zu leisten und empfindet darum die Situation als ungerecht. In einem solchen Kontext kann es zu einer gewissen Verbitterung kommen, die nach einigen Monaten oder Jahren zu bissigen Bemerkungen führen kann: „Du hast dir ja nie irgend etwas versagt, während ich ..."

Derjenige (oder diejenige), der (oder die) spontan zum Sparen bereit ist, um wieder Gleichgewicht in der Kasse zu schaffen, wird sein eigenes Verhalten zunächst als großzügig empfinden, sozusagen als Zeichen seiner Opferbereitschaft. Aber eines Tages kann sich seine Verhaltensweise auch gegen ihn (oder sie) wenden.

Nehmen wir einmal ganz bewußt ein Beispiel ohne große Bedeutung: Vor seinem (oder ihrem) Geburtstag läßt er (oder sie) großzügig verlauten: „Ich will nichts geschenkt bekommen. Gerade jetzt brauchen wir jede müde Mark." Wenn es dann am Geburtstag wirklich kein Geschenk gibt, können Sie sicher sein, daß der (oder die) Betroffene enttäuscht ist. Das Geburtstagskind hätte sich heimlich gewünscht, daß sein Partner den Vorschlag nicht ernst nimmt. Hinter einer solch ostentativen Opferbereitschaft versteckt sich manchmal ein schlechtes Gewissen, der Wunsch nach Bewunderung oder der Wille, sich beispielhaft zu verhalten. Vielleicht möchte man den anderen ja auch nur testen, selbst wenn man momentan von den eigenen Parolen überzeugt ist. Auch in solchen Situationen gibt es Mittel, Herzenswünsche und Rücksicht auf den Geldbeutel miteinander zu vereinen. Wie wäre es denn mit einem Blumensträußchen als nette Alternative zu einem Geburtstag ohne Geschenke oder rauschenden Diamanten?

3. Haben Sie die gleichen Wertvorstellungen?

Nichts ist schlimmer, als mit jemandem zusammenzuleben, der in finanzieller Hinsicht nicht die gleichen Wertvorstellungen hat als man selber. Sehr schnell geraten beide Partner aneinander. Der eine wird den anderen beschuldigen, „das Geld aus dem Fenster zu schmeißen", während der andere seinen Partner umgekehrt als Geizkragen bezeichnet. Einschätzungen dieser Art sind sehr relativ. Tatsache jedoch ist, daß sich beide Partner ungerecht behandelt, unverstanden und frustriert fühlen werden. Leider gibt es eine Menge Paare, die diese materiellen Diskussionen nicht in den Griff bekommen und sich derart darüber zerstreiten, daß es zur Trennung kommt. Geldfragen sind Alltag und darum unumgehbar.

❀ **Eine goldene Regel:**
Auch wenn Sie über beide Ohren verliebt sind, sollten Sie sein (oder ihr) Verhältnis zum Geld überprüfen, bevor sie sich zum Zusammenleben entscheiden.

Paare, für die Geld nicht die gleiche Bedeutung hat und die niemals die gleichen materiellen Prioritäten setzen, geben ihrer Zweierbeziehung wenig Überlebenschancen. Auch wenn Ihnen das kraß erscheint, möchten wir nochmals betonen, wie wichtig es ist, den zukünftigen Lebenspartner hinsichtlich seiner Finanzpolitik zu prüfen.

Ein gemeinsames Essen im Restaurant kann diesbezüglich sehr aufschlußreich sein. Wenn Ihr Partner Sie zu einem Tête-a-Tête einlädt, Sie als Nichtraucher(in) aber in eine verrauchte Kneipe schleppt, weil es dort ja so nett und vor allem billig ist, seien Sie lieber vorsichtig. Wenn es in der Gaststätte zu allem Überfluß auch noch so laut ist, daß Sie Ihr eigenes Wort nicht verstehen und jedes Gespräch im

Ansatz verstummt, muß die Gefahr als noch größer eingestuft werden. Um Ihren verliebten Worten lauschen zu können, hätte er (oder sie) Sie eben in ein ruhigeres Restaurant führen sollen, wenn er (oder sie) dafür auch etwas tiefer in die Tasche hätte greifen müssen.

Er (oder sie) trinkt den Kaffee ungesüßt, steckt sich aber immer die Zuckerwürfel ein. Ein weiteres schlechtes Zeichen. Nach dem Motto *„Wer den Pfennig nicht ehrt, ist den Taler nicht wert"*, werden selbst die Zuckerstücke gehamstert. Wahrscheinlich tauchen sie dann beim ersten gemeinsamen Frühstück wieder auf...

Es geht ans Zahlen: Daß die Rechnung im Detail überprüft wird, mag ja noch durchgehen. Sie machen Ihren Partner darauf aufmerksam, daß er das Trinkgeld vergessen hat, und er (oder sie) antwortet Ihnen, daß er (oder sie) leider kein Kleingeld hat oder der Service dafür viel zu schlecht war. Drücken Sie noch ein Auge zu. Aber Achtung, wenn Sie ihn (oder sie) murmeln hören, daß die Bedienung im Preis inbegriffen sei und er (oder sie) gar nicht einsehe, ein Trinkgeld extra zu zahlen. Sie bildeten sich ein, einen großzügigen Menschen kennengelernt zu haben? Da sind Sie leider einer Täuschung erlegen.

Mißtrauen ist auch angesagt, wenn Sie auf ein letztes Gläschen zu Hause eingeladen werden, obwohl Sie gegen Ende des Abendessens fast verdurstet sind.

Sie mußten sich von Ihrem Partner anhören, daß Sie eine weitere Flasche sowieso nicht austrinken würden...

In ihrer (oder seiner) Wohnung machen Sie doch ruhig auch einen Badezimmer-Test. Wenn dort nur irgendwelche Proben aus Hotels und Flugzeugen rumliegen, flüchten Sie lieber gleich. Außer wenn es in Ihrem Badezimmer ähnlich aussieht und Sie sich in diesem „Sparmaus"-Verhalten wiedererkennen. Wenn Sie beide um die Wette sparen, kann es natürlich so weit kommen, daß Sie darüber streiten, wer die Miete zahlt und wer das Geld aufs Sparkonto bringen darf.

Wenn Sie bezüglich des Geldes sehr unterschiedliche Auffassungen haben, ist es höchst unwahrscheinlich, daß Sie den anderen auf Ihre Seite ziehen können. Es geht hier um Temperaments- oder Erziehungsfragen, und meist bestehen die Gewohnheiten seit langer Zeit und sind fest verwurzelt. Ihren Partner beeinflussen zu wollen, würde nur zu unangenehmen und sinnlosen Diskussionen führen.

4. Vernunft bewahren

Natürlich muß man Geldfragen differenziert betrachten und sich nicht dazu hinreißen lassen, Sparsamkeit und Geiz zu verwechseln. Geizig ist der, der alles zahlen könnte, aber um jede Ausgabe knausert. Der Sparsame wird unabhängig von seiner finanziellen Situation unnötige Ausgaben vermeiden wollen, was nicht heißt, daß er sich nicht in Unkosten stürzen kann, um seinem Partner eine große Freude zu bereiten. So zeigt er ihm, daß er im Grunde ein großzügiger Mensch ist.

Versuchen Sie zu relativieren. Weil Sie eher der Typ sind, der ein Paar Schuhe wegschmeißt, wenn der Absatz abgelaufen ist, ist das noch lange kein Grund, Ihrem Partner vorzuwerfen, daß er seine zum Schuster bringt. Wenn Sie aber vor der „Wahl" stehen, ob Sie eine Woche in Venedig in einem netten Hotel buchen oder lieber zwei Wochen Zelturlaub planen, dann können Sie ruhig diskutieren und versuchen, Ihre Argumente durchzusetzen. Schöne Erinnerungen haben keinen Preis …

♥

Auch wenn es ohne Geld nicht geht, so darf es doch nicht im Mittelpunkt Ihrer Beziehung stehen. Ansonsten gehen Sie das Risiko ein, sich auf einem ziemlich glitschigen Terrain einen Kampf zu liefern.

Kapitel 11

Die lieben Kinder

Die männliche Version:

Er: Ich hoffe, daß Markus wenigstens seine Hausaufgaben fertig gemacht hat.

Sie: Na klar! Nur für die Matheaufgaben, die ziemlich schwierig sind, braucht er deine Hilfe. Ich kann es ihm echt nicht erklären.

Er: Wenn er in der Schule zugehört hätte, wäre er jetzt bestimmt damit zurechtgekommen.

Sie: Darüber können wir auch später sprechen. Jetzt ist erst mal Not am Mann. Er muß die Sache morgen abliefern.

Er: Natürlich, du mußt ihn ja immer in Schutz nehmen...

Die weibliche Version:

Sie: Hast du alle Papiere für Markus' Anmeldung im Sportverein von der Schule ausgefüllt?

Er: Ich hatte noch nicht die Zeit dazu, aber ich würde ihn gerne samstags zum Judo schicken.

Sie: Es ist besser, wenn er sich im Rahmen der Schule sportlich betätigt. Und außerdem ist Mittwoch besser als Samstag.

Er: Vielleicht, aber die Schule bietet nur Fußball oder Basketball an. Judo wäre viel besser für ihn. Da würde er lernen, sich zu verteidigen.

Sie: Natürlich, du willst ihn ja immer beschützen.

Wenn uns die Kinder auch noch so viel Freude bereiten, sind sie – ohne es zu wollen – Anlaß zu Streitereien zwischen den Eltern. Insbesondere wenn der Vater oder die Mutter die Kinder wieder mal als ihren exklusiven Privatbesitz betrachten. Das führt mitunter zu übertriebenen Eifersuchtsreaktionen.

Wie auch immer. Wenn Kinder Dummheiten machen, wird aus ihnen häufig „dein Sohn", „deine Tochter", so als wollte man dem Partner die Schuld gleich mit in die Schuhe schieben und sich gleichsam jeder Verantwortung entziehen.

Wenn's darum geht, die Erfolge der Kinder zu rühmen, werden die Eltern auf einmal wieder besitzergreifend: „Mein Sohn" (oder „meine Tochter") hat das Abitur geschafft!

Wir verhalten uns schon seltsam, was aber im Grunde banal ist und keine ernsthaften Konsequenzen nach sich zieht.

1. Das Leben zu dritt

Kommen wir zunächst noch einmal auf das Anfangsstadium zurück, wenn die Frau mit ihrem ersten Kind schwanger ist. Existieren in der Beziehung latente Probleme, können sie in dieser Situation zu Tage treten, weil mit einem Mal ein Dritter im Leben des Paares Platz sucht. Man kann sich das Kind noch so gewünscht haben, trotzdem ist es ein unbekanntes Wesen, das so manche Frage aufwerfen wird. Nichts ist normaler. Sicher ist auch, daß dieses Kind Ihre Zweierbeziehung tiefgreifend verändern wird.

❀ **Eine goldene Regel:**
Erleben Sie diese Zeit des Wartens zu zweit.

„Das ist doch selbstverständlich", werden Sie denken. Es sollte selbstverständlich sein, ist es aber leider nicht für alle Paare.

So als gehörte das Kind im Bauch ihnen allein, wenden sich manche Frauen in den ersten Schwangerschaftsmonaten von ihren Partnern ab. Vollkommen auf ihre eigene Verwandlung konzentriert, wollen sie ihr Glück mit niemandem teilen – nicht mal mit dem Vater des heranwachsenden Fötus. Meist sind es die Frauen, die in dieser Zeit kapriziös sind, irgendwelche extravaganten Wünsche entwickeln und bei der geringsten Unannehmlichkeit zu weinen beginnen und dies mit ihrem „Zustand" erklären. Obgleich es offensichtlich ist, daß die Probleme woanders liegen, und daß ihre abweisende Haltung nicht nur auf die Schwangerschaft zurückzuführen ist. Sollten Sie sich in einem ähnlichen Gefühlszustand befinden, versuchen Sie herauszufinden, wieso Sie diese Momente allein erleben wollen. Was hat man Ihnen bislang vorenthalten? Wofür wollen Sie sich mit Ihrem Verhalten rächen? Was erwarten Sie von Ihrem Partner? Suchen Sie nach ehrlichen Antworten. Sie werden ein anderes Licht auf Ihre Partnerschaft werfen, und Sie werden vielleicht wieder Lust bekommen, sich anders zu verhalten.

Andererseits gibt es natürlich auch Männer, die an der Schwangerschaft nicht wirklich teilhaben wollen, obwohl diese neun Monate für ihr Vatersein so entscheidend sind.

Manchmal genieren sich die Männer ein bißchen, weil sie nicht richtig begreifen, was da eigentlich passiert. Obwohl sie sich Filme anschauen, sich über die Entwicklung des Fötus auf dem Laufenden halten und mit Spannung die erste Ultraschalluntersuchung mitverfolgen, bleibt ihnen das, was im Bauch ihrer Frau stattfindet, dennoch vollkommen fremd. Manchmal macht es ihnen sogar Angst. Bewußt oder unbewußt spüren sie, daß die Geburt des Kindes mit neuen Verantwortlichkeiten einhergeht und zu einer emotionalen Umverteilung führen wird, von der sie bisher nichts geahnt hatten.

Und dabei sind diese neun Monate noch wunderbarer, wenn sie gemeinsam erlebt werden, gerade bei einem ersten Kind. Auch wenn Sie später noch viele Kinder bekommen, wird die Erfahrung der ersten Schwangerschaft unvergleichbar bleiben.

Es kann für das Paar sogar gefährlich sein, diese privilegierten Augenblicke nicht zu teilen. Wenn Sie sich während der neun Monate unmerklich voneinander entfremden, kann die Geburt des Kindes diese Tendenz deutlich verstärken. Die Minuten und Stunden, die Sie dem Baby widmen, können vom anderen falsch interpretiert werden. Er (oder sie) hat den Eindruck, Ihnen nicht mehr so wichtig zu sein. Er (oder sie) begreift nicht, daß Sie für die Zeit und Liebe, die Sie Ihrem Kind schenken, zusätzliche Energien entwickelt haben, und Ihre Aufmerksamkeit nicht auf Kosten des Partners „weggegeben" wird.

Deswegen ist es auch wesentlich, die Momente, die Sie zu zweit bzw. zu dritt verbringen, gut zu dosieren! Machen Sie dem anderen begreiflich, daß sich Ihre Liebe für ihn nicht verändert hat, auch wenn sie ein bißchen weniger Zeit für ihn zur Verfügung haben. Mann und Frau müssen sich bewußt werden, daß mit der Geburt ihres Kindes die Tage trotzdem nicht länger geworden sind.

Damit sich keiner gefühlsmäßig benachteiligt fühlt, sollten sich beide Partner abwechselnd um das Baby kümmern. Bei jungen Paaren trifft man eine solche Aufteilung immer häufiger an. Erstens arbeiten heutzutage immer mehr junge Mütter, und zweitens macht es den Vätern wirklich Spaß, sich um ihr Baby zu kümmern. Sie werden sich weniger auf dem Abstellgleis fühlen, und die Gefahr ist geringer, daß sie eines Tages klagen: „Seit der Geburt unseres Kindes ist meine Frau keine Partnerin mehr, sie ist ausschließlich Mutter."

Natürlich sollte die Frau auch darauf aufpassen, ihren Partner nicht zu lange zu vernachlässigen und dabei Fläschchen und Windelwechseln als Begründung vorzuschieben.

> ❀ **Eine goldene Regel:**
> **Es darf nicht der Eindruck entstehen, daß Ihr Kind für Ihre Beziehungsprobleme verantwortlich ist.**

2. Das Kind als Katalysator

Oftmals sind die Probleme, die nach der Geburt eines Kindes zum Ausbrechen kommen, bereits im Vorfeld latent vorhanden gewesen. Wenn in den Monaten nach der Geburt irgend etwas zwischen Ihnen und Ihrem Partner nicht mehr stimmt, müssen Sie nach den Gründen suchen und dürfen nicht die Ankunft Ihres Kindes dafür verantwortlich machen. Zumindest einer von Ihnen – vielleicht sogar beide – haben irgendwelche Fehler begangen; ganz sicher aber nicht das kleine Wesen, dem Sie das Leben geschenkt haben. Es war höchstens Auslöser Ihrer latenten Konflikte. Wenn es mit Ihrer Liebe nicht bergab gehen soll, gilt es, sich als Paar die richtigen Fragen zu stellen, sobald die ersten Signale drohender Beziehungskrisen ertönen.

Gerade die Geburt eines ersten Kindes hat zwar eine destabilisierende Wirkung auf das Paar, sie kann die Bindung zwischen Mann und Frau jedoch auch stärken. Nicht jede tiefgreifende Veränderung ist negativ, im Gegenteil! Um jedoch gestärkt aus einer solchen Feuerprobe herauszukommen, sollten Sie nie zögern, den Dingen direkt ins Auge zu schauen! Was zu Anfang lediglich wie eine Reihe von Mißverständnissen aussieht, kann sich mit der Zeit als echtes Problem entpuppen, das immer mehr Raum einnimmt, wenn das Kind heranwächst. Bringen Sie die Dinge auf den

Punkt, sprechen Sie sich mit Ihrem Partner aus. Möglicherweise hat ihn bloß die Eifersucht gepackt. Oder etwa Sie?

> ❀ **Eine goldene Regel:**
> **Nutzen Sie niemals Ihr Kind für irgendwelche Erpressungen gegenüber Ihrem Partner aus.**

In der Liebe zählt nicht die Zeit, die man miteinander verbringt, sondern die Qualität der Momente, die man zu zweit erlebt. Hat das Zusammenleben nicht mehr die gleiche Intensität wie vor der Geburt des Kindes, so kann man keineswegs das Baby dafür verantwortlich machen.

Das Kind wächst heran. Schwächen oder sonstige Unarten hat es natürlich vom anderen geerbt. Und dann sind es auch noch die Charakterzüge, die Ihnen bei Ihrem Partner schon immer aufgestoßen sind... Seltsamerweise behauptet er von Ihnen und Ihren Erbanteilen das gleiche. An manchen Tagen ist man geneigt zu denken, daß das Kind überhaupt keine Qualitäten hat. Das stimmt natürlich nicht! Aber wie alle Eltern träumen auch Sie vom perfekten Kind, obwohl Sie genau wissen, daß es das nicht gibt, und daß ein in jeder Hinsicht überbegabtes Kind Sie ganz schön irritieren würde.

Vermeiden Sie also lieber gleich, sich ständig falsche Anschuldigungen an den Kopf zu werfen, wie: „Wenn es so üble Sprüche losläßt, ist das nur deine Schuld. Du verzeihst immer alles und genierst dich nicht, in seiner Gegenwart zu fluchen!" Wenn es mit Schimpfworten herumschmeißt, hat es die wahrscheinlich auf der Straße oder in der Schule gehört. Passiert es Ihnen nie, daß Ihnen ein Schimpfwort herausrutscht? Das Kind wiederholt es nur und tobt sich aus, weil es Sie damit auf die Palme bringt. Statt Ihren Partner zu beschuldigen, versuchen Sie lieber, Ihrem Kind zu erklären, wieso es so etwas nicht sagen soll. Schließlich können Sie

Ihrem Partner nicht vorwerfen, zu lax zu sein, wenn Sie selbst nicht zu reagieren in der Lage sind.

Und wenn Sie wirklich eine Kritik vorzutragen haben, warten Sie unbedingt, bis Sie und Ihr Partner alleine sind.

Sie haben den Eindruck, daß Ihr Kind zuviel fernsieht, unerfreuliche Freundschaften pflegt, in der Schule nichts leistet, etc. Machen Sie nicht Ihren Partner dafür verantwortlich, das bringt überhaupt nichts. Wenn Sie sich um ein wenig Objektivität bemühen, werden Sie erkennen, daß Sie im Grunde alle beide an der Erziehung Ihres Kindes teilhaben sollten. Wenn Sie dem anderen immer die Ursachen für die Probleme in die Schuhe schieben, disqualifizieren Sie sich selbst.

Achten Sie auch darauf, daß Sie nicht auf Kosten Ihres Partners um die Liebe Ihres Kindes buhlen, nur damit es sich immer zu Ihren Gunsten entscheidet, auch bei der blödesten Frage, wie z. B. „Wen hast du lieber, Mama oder Papa?" Ob Sie solche Manöver nun bewußt oder unbewußt starten, auf alle Fälle riskieren Sie, daß genau das Gegenteil dessen eintritt, was Sie sich erhofft haben. Früher oder später wird Ihr Kind Ihnen vorwerfen, es direkt oder auch indirekt – auf klare oder auch zweideutige Weise – von seinem anderen Elternteil entfremdet zu haben. Ist dies der Fall, kann man davon ausgehen, daß Sie wieder einmal Ihre Probleme auf dem Rücken Ihres Kindes ausgetragen haben, statt ihnen direkt ins Auge zu sehen. Sie dürfen nicht vergessen, daß Ihre Partnerschaft Ihrem Kind immer als Beispiel gelten wird. Sei es, um es nachzuahmen oder sei es, um es von sich zu weisen.

3. Schwierige Etappen

Kommen wir noch einmal auf die schwierigen Phasen des Kinderlebens nach der Babyzeit zurück. Wie laufen die

Dinge während seiner Schulzeit. Wer kümmert sich um die Hausaufgaben? Wer geht zu den Elternsprechstunden und setzt sich mit den Lehrern auseinander? Die ideale Antwort müßte lauten: Vater und Mutter. Leider ist das nicht immer machbar. Im Rahmen Ihrer Möglichkeiten könnten Sie sich trotzdem die Verantwortlichkeiten aufteilen. Einer könnte die Hausaufgabenbetreuung übernehmen, während der andere mit dem Kind übt. Oder einer erklärt sich für Deutsch zuständig, und der andere gibt in Mathe Hilfestellung. Auf alle Fälle sollten Sie mindestens einmal im Jahr zusammen die Lehrer Ihres Kindes aufsuchen. Das sollte doch wirklich ohne Probleme machbar sein.

Wenn Ihr Kind den Eindruck gewinnt, daß Sie sich nicht für es interessieren – selbst wenn das nicht stimmt, wird es sich ungeliebt fühlen und Ihre Kritik bezüglich der Zeugnisse unwillig aufnehmen. Wenn Sie ihm vorwerfen, nicht genug für die Schule getan zu haben, kann es Ihnen leicht erwidern: „Was weißt du schon davon?"

Ohne sich dessen bewußt zu sein, sind einige Eltern für die schulischen Mißerfolge ihrer Kinder zumindest mitverantwortlich. Es gibt Kinder, die absichtlich ihre Noten „den Bach runtergehen lassen" – und das, obwohl sie potentiell gute Schüler sind. Sie möchten ganz einfach die Aufmerksamkeit ihrer Eltern auf sich ziehen.

Sie sollten sich auf alle Fälle jeden Abend einige Minuten mit Ihrem Kind zusammensetzen, um zu besprechen, wie der Tag gelaufen ist und wie das Zusammenleben mit Lehrern und Schulkameraden geklappt hat. Dazu sind Sie auf alle Fälle in der Lage, auch wenn Ihr eigener Bildungsweg es Ihnen unmöglich macht, Ihrem Kind beim Lernen selbst zu helfen. Es ist dies ein Weg, Ihrem Kind zu zeigen, daß Ihnen sein Leben außerhalb der Familie nicht gleichgültig ist. Wenn es seine Probleme darstellt, versuchen Sie, ihm bei deren Lösung zu helfen. Wenn Ihr Kind im Gegenteil nicht über seine Probleme sprechen will, zeigen Sie sich geduldig und lernen Sie, Ihre Enttäuschung oder Verunsicherung zu verbergen. Versuchen Sie, nicht eifersüchtig zu sein, wenn Ihre Tochter oder Ihr Sohn sich Ihrem Partner eher anvertraut als Ihnen. Das darf keinesfalls Konflikte innerhalb Ihrer Paarbeziehung auslösen. Streiten Sie sich bitte nicht um die Zuneigung und die affektiven Prioritäten Ihres Kindes. Auch die Erwachsenen haben bevorzugte Gesprächspartner, wenn es darum geht, anderen ihre Geheimnisse mitzuteilen. Am wichtigsten ist, daß Sie keinen Verrat begehen. „Dein Vater (oder deine Mutter) hat mir gesagt, daß …" darf Ihnen nicht herausrutschen, wenn Sie eigentlich über die Angelegenheit nicht Bescheid wissen sollen. Ihr Kind und Ihr Partner wären sauer auf Sie und hätten das Gefühl, einer Vertrauensbeziehung beraubt worden zu sein, die sie so nicht wieder finden werden.

❀ **Eine goldene Regel:**
Zeigen Sie Ihrem Kind niemals, daß Sie Ihren Partner nicht verstehen.

Ihr Partner versteht Sie vielleicht nicht besser, und Sie würden schnell eine Mauer zwischen sich aufbauen. Werfen Sie Ihrem Partner keinesfalls vor, Ihr Kind gegen Sie aufzuhetzen. (So etwas kommt zwar vor, ist aber selten.) Auch wenn Ihr Partner Ihr Kind tatsächlich dazu ermutigt, sich mit Ihnen auseinanderzusetzen, sollten Sie den ersten Schritt zur Versöhnung tun, indem Sie mehr Verständnis zeigen. Andernfalls ist es an Ihnen, sich Vorwürfe zu machen.

Es kann als sicher gelten, daß regelmäßig auftauchende Situationen dieser Art darauf hinweisen, daß zwischen Vater und Mutter ernsthaft etwas nicht in Ordnung ist. Wenn sich beide verstehen, gibt es überhaupt keinen Anlaß dafür, den anderen als Feind zu betrachten und das Kind dazu zu benutzen, sich zu bekriegen.

4. Liebe und Zorn

Wutanfälle gegen die Kinder sind genauso heilsam wie Beziehungskrisen in einer Partnerschaft. Sie sollten übrigens den gleichen Regeln gehorchen und weder zu jedem beliebigen Zeitpunkt noch unbegrenzt ausbrechen. Wenn sie etwas bringen sollen, sind sie *mit Vorsicht auszutragen*.

> ❀ **Eine goldene Regel:**
> **Vergessen Sie nicht, daß ein Kind sehr schnell Gefühle der Ungerechtigkeit entwickelt und glaubt, daß Sie es nicht lieben.**

Folglich sollten Sie Ihre Wut in Zaum halten und Bemerkungen vermeiden, die hinterher nicht mehr gut zu machen sind. Nicht alles, was Ihr Lebensgefährte (oder Ihre Lebensgefährtin) verstehen kann, verzeiht Ihnen Ihr Kind. Wenn Sie einen Zornausbruch Ihres Partners gegenüber Ihrem Kind mitbekommen und seine Reaktion für total ungerechtfertigt halten, sollten Sie ihm erst Ihre Meinung sagen, wenn Sie wieder alleine mit ihm sind. Er würde es Ihnen nämlich nicht verzeihen, daß Sie ihn vor dem Kind bloßgestellt haben.

Wenn Ihr Zorn auf das Kind etwas bewirken soll, müssen Sie sich bezüglich Ihrer Kritik mit Ihrem Partner einig sein. Das Kind merkt nämlich sehr schnell, von wem es Unterstützung erwarten kann. Wenn es darum geht, Ihr Kind verdientermaßen zu loben, sollten dies auch beide Partner tun. Zurechtweisung und Beglückwünschung laufen parallel nebeneinander her, wie in jeder auf Liebe begründeten Beziehung.

Die Entfaltung eines Kindes läuft zwangsläufig über die Beziehung, die es mit seinem Vater und seiner Mutter unterhält. Das gilt auch für die Freizeit. Gerade wenn es keine

Brüder oder Schwestern hat, müssen Sie sich als Eltern disponibel zeigen, wenn Ihr Kind einen Leerlauf hat. Sie sollten sich auch hier absprechen und Ihre Zeit einteilen, statt sich gegenseitig ihre Verpflichtungen aufzurechnen.

Wir kommen nun auf die Phase des Heranwachsens zu sprechen. Dieses „Fast-Erwachsensein" ist für Ihr Kind eine kritische Phase. Aber auch für einige Eltern handelt es sich um eine schwierige Zeit. Der Junge oder das Mädchen behaupten sich als Persönlichkeiten und fordern mehr Freiheiten. Erneut gibt es für Vater und Mutter Gelegenheiten zur Auseinandersetzung, gerade wenn sie nicht die gleiche Erziehung genossen haben. Sie werfen sich dann gegenseitig vor, entweder zu lax oder zu streng zu sein.

> ❀ **Eine goldene Regel:**
> **Machen Sie sich niemals derartige Vorwürfe in Anwesenheit Ihres Kindes.**

Ganz instinktiv könnte es die Situation ausnutzen und Sie wegen Ihrer Unstimmigkeiten gegeneinander ausspielen. Und Meinungsverschiedenheiten kann es zahllose geben, die unterschiedlichsten Dinge betreffend: die Uhrzeit, wann der Sohn oder die Tochter abends nach Hause kommen muß, ihr „Umgang", die Art, wie sie sich anziehen, welche Schwerpunkte sie in ihrer Schullaufbahn setzen, etc. Außer wenn Ihr Kind eine besondere Begabung besitzt und die berufliche Orientierung dadurch bestimmt wird, gelingt es den Lehrern trotzdem meist, Sie als Eltern bezüglich einer anstehenden Ausbildung zu einer übereinstimmenden Auffassung zu bringen. Wenn es Ihrem Kind gelungen ist, sich für einen bestimmten Beruf zu entscheiden, sollten Sie Ihre heimlichen Karriereträume für Ihr Kind lieber vergessen.

Die Freunde Ihres Sohnes oder Ihrer Tochter kommen zu Besuch. Auch das sollte kein Anlaß sein, sich mit Ihrem

Partner zu überwerfen. Vielleicht ertragen Sie das Kommen und Gehen in Ihrem Haus nicht in gleicher Weise. Oder Ihnen ist wegen des einen oder anderen Freundes ein wenig unbehaglich zumute. Sagen Sie sich, daß es immer noch besser ist, wenn Ihr Kind Ihnen seine Freunde vorstellt, auch wenn Sie über die Wahl nicht gerade begeistert sind. Wie auch immer Sie sich gegenüber Ihrem Kind verhalten, sollten Sie und Ihr Partner sich vorher abgestimmt haben.

Heutzutage bevorzugen die Jugendlichen einen Bekleidungsstil, mit dem wir Erwachsenen nicht unbedingt einverstanden sind. Und wir selbst? Wie waren wir denn in diesem Alter angezogen? Für manche Paare ist selbst die Mode Ihrer jugendlichen Kinder ein Anlaß zu Unstimmigkeiten. „Laß ihn (oder sie) nur. Das geht wieder vorbei", sagt der eine. „Ich ertrag es nicht, ihn (oder sie) mit solchen Latschen rumlaufen zu sehen, mit diesen zerfetzten Jeans, vom Rest ganz zu schweigen", erwidert der andere. Und schon bekommt das Wortgefecht einen leicht giftigen Unterton. Laxheit und Strenge stehen einander gegenüber, und keiner der beiden Partner kann die Haltung des anderen begreifen, geschweige denn gutheißen.

❀ **Eine goldene Regel:**
Bevor Sie aneinander geraten, sollten Sie zunächst versuchen, das Verhalten Ihres Kindes zu verstehen.

Wir möchten noch einmal betonen, wie wichtig es ist, die Kinder nicht dazu zu benutzen, um miteinander abzurechnen. Ebenso geht es nicht, daß Ihre Kinder herhalten müssen, damit Sie endlich mit alten Geschichten fertig werden, die Ihre Eltern oder sonstige Jugenderinnerungen betreffen. Setzen Sie Bedauern und alte Gewissensbisse nicht ewig fort.

Ihr Kind soll ein Plus für Ihr Leben zu zweit sein und nicht die Funktion übernehmen, die Probleme Ihrer Zweierbeziehung zum Ausdruck zu bringen. Es soll weder die Konsequenzen Ihrer Konflikte ertragen noch diese auflösen. Erst recht soll es sie nicht verdecken. Ein Kind ist auch nicht Alibi für irgendwelches Schweigen. Im Gegenteil! Sollte es in Ihrer Beziehung Spannungen geben, so müssen Sie diese um Ihres Kindes willen direkt mit Ihrem Partner austragen. Das ist eine der wichtigsten Bedingungen für ein harmonisches Leben zu dritt!

5. Wenn Sie keine Kinder haben

Man kann nicht über die Rolle von Kindern in der Zweierbeziehung sprechen, ohne auch die Partnerschaften zu erwähnen, die ohne Kinder bleiben. Handelt es sich dabei um eine freie Entscheidung, stellt die Kinderlosigkeit kein Problem dar. Aber es kommt natürlich auch vor, daß ein Mann und eine Frau sich ein Kind wünschen, ohne ihren Traum realisieren zu können. Auf die Dauer kann diese Situation zu Problemen in der Partnerschaft führen. So intensiv der Wunsch nach Kindern ist, so intensiv ist demzufolge die Enttäuschung, wenn es zu keiner Schwangerschaft kommt. Die Arztbesuche und Untersuchungen zur Ergründung einer möglichen Sterilität sind oftmals zeitraubend, mühsam und stellen eine psychische Belastung für die Betroffenen dar.

Wenn Ihre Liebe nicht tief ist, können Sie sich gegenseitig zerstören.

Keiner kann dem anderen „offiziell" Vorwürfe machen, aber jeder kann die Kinderlosigkeit als Belastung erleben und an dem anderen seine schlechte Laune, seine Rachegefühle ausleben, wie auch sein Gefühl von Ungerechtigkeit angesichts dieser Fortpflanzungsunfähigkeit.

Es ist sehr schwierig, diese Tatsache anzunehmen und sich in sein Schicksal zu schicken. Die Adoption ist keinesfalls eine Lösung für alle Betroffenen. Außerdem ist es selbst für adoptionswillige Partner nicht einfach, dann auch wirklich ein Kind annehmen zu dürfen. Eine Sterilität ist für Männer nicht einfacher zu ertragen als für Frauen, nur wird sie von beiden sehr unterschiedlich empfunden und verarbeitet. Wenn Ihre Kinderlosigkeit Sie auch noch so betroffen macht und Sie aus der Bahn wirft, versuchen Sie alles in Ihrer Macht Stehende zu tun, um deswegen nicht Ihre Zweierbeziehung zu zerstören.

Suchen Sie nach Ersatz und Entschädigungen, organisieren Sie Ihr Leben, damit Sie die Kinderlosigkeit ausgleichen können und nicht ständig daran denken müssen. Auch wenn es noch so schwierig ist, dieses schmerzliche Thema anzusprechen, wäre es gewiß falsch, sich in Ihr Schneckenhaus zurückzuziehen. Reden Sie mit Ihrem Partner; es wird Ihnen helfen, die Ihnen unakzeptierbar erscheinende Situation zu ertragen. Mit der Zeit und dank Ihrer gegenseitigen Liebe werden Sie Ihre Kinderlosigkeit ohne Zweifel besser tolerieren.

Wie die Geburt eines Kindes kann auch eine gemeinsam erfahrene Kinderlosigkeit die Bindung eines Paares festigen und zusammenschweißen.

Kapitel 12

Der störende Dritte

Die weibliche Version:

Sie: Sag mal, wer war das Mädchen, mit dem du am Aufzug so rumgelacht hast, als ich dich gestern abend vom Büro abgeholt habe?

Er: Eine Kollegin.

Sie: Wie heißt sie?

Er: Michaela.

Sie: Du hast mir noch nie von ihr erzählt. Offensichtlich versteht Ihr Euch ja prächtig. Komisch, als sie an mir vorbeiging, hatte ich das Gefühl, ihr Parfum wiederzuerkennen.

Er: Welches Parfum?

Sie: Das, was ich manchmal auf deiner Weste rieche.

Er: So ein Quatsch. Du erzählst völligen Unsinn.

Die männliche Version:

Er: Du hast mir doch gesagt, daß du spät heimkommst, weil in der Werkstatt ein Abschiedsumtrunk stattgefunden hat.

Sie: Ja, genau!

Er: Komisch, ich habe um sieben Uhr angerufen, und keiner hat sich gemeldet.

Sie: Na klar! Da war so ein Krach, daß man nicht mal das Telefonläuten gehört hat.

Er: Und, hast du dich gut amüsiert?

Sie: Ja sehr, wieso?

Er: Nur so. Ich wundere mich einfach, daß du dich für den Umstand nicht frisch zurechtgemacht hast. Wo du doch sonst so eitel bist. Du siehst wirklich aus, als wärst du gerade aus der Dusche gestiegen …

♥

Zunächst eine Frage: Gibt es sie wirklich, die Liebe auf den ersten Blick? Wir sind versucht, mit *Ja* zu antworten. Blicke, die sich kreuzen und einander nicht mehr loslassen können, ein gewaltiger Drang, der zwei sich unbekannte Wesen zueinander zieht … Das gibt es und ist wohl das, was man „Liebe auf den ersten Blick" nennt. Wenn man schon lange mit dem gleichen Partner zusammenlebt und blitzartig von diesem Gefühl überfallen wird, kann sich in der langjährigen Beziehung ein schreckliches Gewitter zusammenbrauen!

Was ist passiert, daß ein Dritter es schafft, ein bislang vereintes Paar zu entzweien? Einer der beiden Partner hat plötzlich eine Leidenschaft in sich aufflackern sehen, die er in seinem Leben zuvor schon lange vermißt hatte. Ein verzehrendes, hitziges und gleichzeitig störendes Gefühl überfällt ihn.

Seien Sie beruhigt: Wenn Ihr Partner von einer wahren Leidenschaft für eine (oder einen) andere (oder anderen) ergriffen wird, stehen die Chancen gut, daß die Affaire nur von kurzer Dauer ist. Gerade das Vergängliche ist eines der Hauptmerkmale, das die Leidenschaft charakterisiert. Sie bekommt in diesem konkreten Fall zusätzliche Würze, weil sie mit einem Verbot belegt ist. Manchmal ist sogar das Verbot ihr einziger Auslöser: die Aufregung, entdeckt zu werden, die Lust an der Geheimnistuerei. Wenn aber das Feuer der ersten geheimen Treffen erloschen ist, bleibt von der Liebe auf den ersten Blick nicht viel übrig, außer vielleicht einer nostalgischen Erinnerung.

1. Verführungslust

Die Liebe befällt einen Siebzehnjährigen genauso wie einen Siebenundsiebzigjährigen. Das wissen wir auch, daß sie nicht vorhersehbar ist und uns aus heiterem Himmel überfällt. Menschen aller Altersstufen kennen die Lust, jemanden zu verführen oder das Bedürfnis, ihres Charmes versichert zu werden. Verstöße gegen ein Treueabkommen haben oftmals keine andere Ursache als diese Verführungslust. Von Individuum zu Individuum sind die Reaktionen auf Untreue unterschiedlich. Auch Traditionen spielen hier eine Rolle, denn es gibt Völker, die ganz offen zu ihrer Polygamie stehen.

Für manche handelt es sich um einen simplen Zwischenfall, vor dem man die Augen verschließt. Für andere hingegen ist der Treuebruch eine schlimme Tat, die die Beziehung des Paares ernsthaft in Gefahr bringt. „Ich werde nur dich lieben", verspricht man und ist überzeugt, diesen Schwur einzuhalten. Und dann, eines schönen Tages – ohne zu wissen wieso und warum –, geht man ein Abenteuer ein. Man glaubt nicht an Konsequenzen und hofft, daß es keiner erfahren wird.

Oft reicht ein Blick, der Geruch eines Parfums, die Lust auf Tapetenwechsel und ein wenig Nostalgie, um den Schritt zu tun. Das gilt für Männer und Frauen. Jeder könnte beschwören, daß ihm so etwas nicht passiert, und wirklich von seinem Schwur überzeugt sein. Aber kann man auch guten Gewissens behaupten, daß man niemals Lust haben wird, jemanden zu verführen oder verführt zu werden?

Es gibt drei Verführungstypen:

die, die niemals eine Versuchung empfinden werden;
die, die ihr widerstehen;
die, die ihr nachgeben.

Man muß schon eingestehen, daß es für einige einer wahren Leistung gleichkommt, der Versuchung zu widerstehen. Mit nichts fängt es an. Eine Bemerkung, eine leichte Berührung, ein Knistern. Plötzlich empfindet man eine Erregung, die einen an seine Jugend erinnert, und man fühlt sich wie verjüngt. Die gleiche Schüchternheit und die gleiche Lust zum Wagnis... Mal sehen, was passiert... Man will es wissen. Man will sich selbst herausfordern. Im Grunde ist alles so banal. Und trotzdem ist es eine komplexe Angelegenheit, denn keiner kann die etwaigen Konsequenzen seines zunächst harmlosen Handelns voraussehen. Darf man so geringschätzig darüber hinweggehen? Wenn es sich auch nur um einen vereinzelten Fall von Untreue handelt, geht dieser doch mit einer Lüge einher – auch wenn sie nur für ein Schweigen steht.

Es gibt Männer und Frauen, die Sexualität und Gefühle voneinander trennen. Sie haben nicht wirklich den Eindruck, ihren Partner zu betrügen, wenn sie mit ihrem Herzen nicht bei der „Sache" sind. Es geht uns nicht darum, zu urteilen, sondern Ihnen zu helfen. Natürlich ist es recht bequem, in der Situation sein Gewissen dergestalt von allen Anfechtungen frei zu halten. Mit der Zeit können Erinnerungen aber ins Gewicht fallen, und zwar in zweierlei Hinsicht: entweder werden Sie in Krisenmomenten daran erinnert, daß es auf der Erde auch noch andere Menschen gibt, oder Sie fühlen sich beschämt, wenn Ihr zutiefst ehrlicher Partner Ihnen gerade in diesen Momenten der Erinnerung seine Liebe demonstriert.

Wenn die Sitten sich auch eindeutig in Richtung Gleichberechtigung der Geschlechter entwickelt haben, gibt es gleichzeitig unveränderte Klischees:

Den Frauenheld wird man wie einen Don Juan behandeln, mit einem Schuß Bewunderung, zumindest aber mit einer gewissen Nachsicht.

Einer Frau, die sich ähnlich verhält, wird man nur zu

schnell negative Eigenschaften anhängen, die teilweise in Beleidigungen ausarten. *„Die ist leicht zu haben“*, *„Schlampe“* oder *„Hure“*, an Beschreibungen fehlt es nicht. Kann das einer der Gründe sein, warum fremdgehende Frauen eher Schuldgefühle entwickeln als Männer?

2. Keine Schuldgefühle wegen der Untreue des anderen

Was können Sie tun, wenn Sie Verdacht hegen, daß Ihr Partner ein Liebesabenteuer unterhält?

> ❀ **Eine goldene Regel:**
> **Reden Sie sich nicht sofort ein: „Er (oder sie) liebt mich nicht mehr!“**

Mit solchen Gedanken schuldigen Sie sich sofort selbst an. Gleich im Anschluß denken Sie dann: „Was habe ich nur getan, wie hab ich das verdient?"

Auf alle Fälle ist in diesen Momenten die Gefahr groß, daß Sie sich sehr allein gelassen fühlen. Um besser mit der Gesamtsituation zurechtzukommen, müssen Sie unbedingt lernen, die Einsamkeitsanfälle in den Griff zu bekommen. Drehen Sie sich nicht zu Hause im Kreis und lassen sich womöglich von düsteren Gedanken plagen! Es nutzt rein gar nichts, die Türe zu verrammeln, das Telefon abzuhängen und sich einzureden, daß sowieso alles verloren ist. Im Gegenteil, Sie müssen kämpfen! Und wenn Ihnen wirklich am anderen liegt, müssen Sie zu der Überzeugung gelangen, daß Situationen niemals endgültig sind.

Ihr Partner kündigt Ihnen an, daß er an einem bestimmten Abend weg sein wird. Egal, ob der angegebene Grund nun der Wahrheit entspricht oder bloß ein vordergründiges Alibi ist, bleiben Sie nicht zu Hause hocken. Laden Sie sich bei Freunden zum Abendbrot ein. Wählen Sie unter Ihren Freunden jene aus, die Sie willkommen heißen, ohne groß Fragen zu stellen. Gewiß wird es Ihnen schwerfallen, sich durchzuringen, aber Sie werden Ihre Entscheidung bestimmt nicht bereuen. Für einige Stunden werden Sie an etwas anderes als an Ihr dramatisches Privatleben denken, und das kann sich nur positiv auswirken.

Indem Sie sich bei Freunden einladen, geben Sie sich selbst Schutz. Auch erhöhen Sie Ihre Chancen, am nächsten Tag Ihrem Partner gegenüberzutreten, ohne etwas von Ihrem Kummer durchscheinen zu lassen. Sind Sie sich so sicher, daß nicht vielleicht er desorientiert sein wird, wenn Sie Ihm voller Zufriedenheit und guter Laune vom vergangenen Abend erzählen? Es verunsichert nämlich, sich vorzustellen, daß der andere ohne einen auskommen kann. Zugegeben, gerade am Anfang ist es schwierig, allein und ohne den Partner auszugehen, denn Sie sind es gar nicht mehr gewohnt, und Ihnen fehlt der Bezugspunkt. Wenn Sie dann auch noch zu einem Abendessen eingeladen sind, an dem außer Ihnen nur Paare teilnehmen, kann der Abend für Sie zur Tortur werden. Zwingen Sie sich, trotzdem auszugehen! Nicht zuletzt wird es Ihnen dabei behilflich sein, Ihre Situation tatsächlich zu beurteilen.

Daß man auch alleinstehend von anderen willkommen geheißen wird und man auch ohne Partner angenehme Stunden mit anderen Leuten verbringen kann, kann sogar Sicherheit geben. Auch wenn es eine schmerzliche Erfahrung darstellt.

Ihnen wird bewußt, daß sich Ihr Leben seit Monaten oder Jahren um das Leben des anderen gedreht hat. Sie haben in bezug auf den anderen gelebt, und plötzlich stimmt etwas nicht mehr. Ob Ihre Situation nun schon länger andauert oder nicht, jedenfalls müssen Sie Ihr Schicksal in die Hand nehmen und sich klar machen, daß *Sie* als Individuum existieren.

Es bringt überhaupt nichts, sich seinen Partner in den Armen seiner Liebhaberin (oder seines Liebhabers) vorzustellen. Vermeiden Sie jede Art von Selbstquälerei. Vermeiden Sie ebenfalls, Ihre Vergangenheit in Gedanken hin und her zu wälzen und das, was Sie zusammen erlebt haben, mit einem Mal zu bedauern. Das hieße ja, daß Sie schon gar nicht mehr an eine gemeinsame Zukunft glauben.

Wenn Sie sich in Abwesenheit des anderen etwas Gutes gönnen, erhöhen Sie die Chancen, daß Ihr Partner Sie nach seiner Rückkehr mit anderen Augen betrachtet, daß er womöglich Lust bekommt, Sie noch einmal neu zu entdecken.

Und dann ist es natürlich ganz wichtig, Liebesabenteuer und echte Liaison voneinander zu unterscheiden, wobei eine Liaison entschieden bedrohlicher für Ihre Partnerschaft ist.

3. Vom Verdacht zum Beweis

Kommen wir noch einmal auf die Phase der Zweifel zurück. Nicht weil er (oder sie) spät nach Hause kommt, ohne vorher Bescheid gesagt zu haben, oder Ihnen irgendetwas an seinem (oder ihren) Verhalten seltsam vorkommt, müssen Sie ihm (oder ihr) ohne jeden Beweis eine Szene liefern, wie Sie sie schon hundertmal im Kino gesehen haben!

Gerade wenn Sie ein eifersüchtiger Typ sind, ist es vollkommen unsinnig, in Mantel- oder Aktentaschen herumzuwühlen, nach einem fremden Haar auf dem Schulterrevers Ausschau zu halten, ein unbekanntes Parfum wittern zu wollen oder Ihren Partner zehnmal am Tag im Büro anzurufen. Stellen Sie sich doch einmal vor, Sie würden tatsächlich ein kompromittierendes Element finden. Was würde das schon beweisen? Er (oder sie) hätte mit jemand zu tun haben können, der versehentlich ein Haar auf der Weste oder dem Hemd hinterlassen hat. Er (oder sie) hätte aus irgendeinem unbekannten Grund das Büro verlassen können. Er (oder sie) hätte einen Ort aufsuchen können, dessen Parfumgeruch sich auf ihn (oder sie) übertragen hat. Und wenn Sie auch nach peinlicher Untersuchung keine Anzeichen finden, beruhigt Sie das trotzdem nicht. Schließlich ist Beweismangel nicht gleichbedeutend mit der Nichtexistenz von Fehltritten.

In vergleichbaren Situationen Sherlock Holmes zu spielen, ist für einen selbst nicht gerade aufwertend. Stellen Sie sich doch einmal vor, Sie würden die Beweismittel wirklich finden.

Außer einer Hotelrechnung, die Sie aufstöbern, obwohl Ihr Partner jeden Abend nach Hause gekommen ist, gibt es eigentlich nichts, was nachhaltig und formell beweist, daß Sie betrogen worden sind. Natürlich könnten Sie Ihr Spiel weitertreiben und sich die Dienste eines Privatdetektivs einholen, um Ihrem Partner auf die Spur zu kommen ...

Also gut. Nehmen wir an, Sie halten jetzt die Beweise in der Hand. Was können Sie tun? Am besten, Sie bringen die Sache zur Sprache, verleihen Ihren Zweifeln Ausdruck und enthüllen Ihre Beweise. Entsprechend Ihrem Temperament können Sie das in delikater oder auch in brüskierender Weise tun; darauf kommt es nicht an. Die schlimmste Option wäre gewiß, nichts zu sagen und sich innerlich weiter mit Fragen zu zermartern, auf die Sie letztendlich nicht wirklich Antwort suchen; sonst würden Sie handeln.

Ob Sie sich nun in Andeutungen ergehen oder eine richtige „Szene" veranstalten, jedenfalls versuchen Sie, die Wahrheit zu erfahren und Licht in eine Sache zu bringen, die Sie derartig beschäftigt. Wie auch immer Sie Ihre Besorgnis zum Ausdruck bringen, auf alle Fälle demonstrieren Sie damit nicht zuletzt Ihre Liebe.

Ganz eindeutig zeigen Männer und Frauen unterschiedliche Reflexe, wenn ihnen Untreue vorgeworfen wird. Natürlich – und Gott sei Dank – gibt es auch Ausnahmen, aber in der Regel tendieren Männer dazu, Probleme im affektiven Bereich zu bagatellisieren und davon auszugehen, daß sie sich mit der Zeit erübrigen werden. Sie haben Angst, die Dinge hochzuspielen, sie zu dramatisieren, wenn sie darüber sprechen. Die meisten Frauen werden eher dazu neigen, das Geschwür zum Platzen zu bringen, statt in einer Ecke still ihre Probleme zu wälzen. Das wiederum hat damit zu tun, daß die Gefühle im Leben einer Frau in der Regel eine wichtigere Rolle spielen als im Leben eines Mannes. Darüber haben wir ja bereits gesprochen. Aus diesem Grund sind die weiblichen Reflexe auch viel spektakulärer: Es wird geschrien, geweint oder mit spitzen Bemerkungen um sich geschleudert.

Egal, welches Ausdrucksmittel Sie für sich als richtig befunden haben oder welches Ausdrucksmittel sich Ihrem Charakter entsprechend aufgedrängt hat, Sie müssen unbedingt über Ihre Zweifel reden. Das gilt sowohl für Sie, liebe Leserin, als auch für Sie, lieber Leser. Es ist allerdings mehr als wahrscheinlich, daß Ihr Partner in einer ersten Phase der Auseinandersetzung alle Anschuldigung von sich weisen wird, auch wenn der Tatbestand anders liegt.

❀ **Eine goldene Regel:**
Befinden Sie Ihren Partner nicht für schuldig, bevor Sie nicht seine Argumente angehört haben.

4. Vorschnelle Urteile vermeiden

Sonst verfälschen Sie die Situation. Sie würden Ihren Partner womöglich drängen, einen Fehltritt einzugestehen, den er gar nicht begangen hat. Stellen Sie sich aber doch einmal vor, er hätte sich tatsächlich daneben benommen. Plötzlich schnellt das Geständnis, das Sie herausgefordert haben, wie ein Bumerang zurück und trifft Sie … mitten ins Herz. Sie hätten so gerne das Gegenteil aus seinem Munde vernommen. Aber nun stellt sich die Situation anders da: Ihre Befürchtungen haben sich bewahrheitet. Sie haben die Gewißheit, zum Club der Betrogenen zu zählen und spüren, daß die Witze über Dreiecksgeschichten, über die Sie bisher so schallend lachen konnten, Ihnen keinen Spaß mehr bereiten werden. Sie können sich jetzt zu sehr unterschiedlichen Reaktionen hinreißen lassen:

- Die Riesenohrfeige wäre eher zu vermeiden. Sie bringt zwar Erleichterung für den, der sie verabreicht, kann aber schnell zu weiteren Ausschreitungen führen.
- Der in Windeseile gepackte Koffer – als Abschiedssignal – ist nur dann angesagt, wenn Sie auch wissen, wohin Sie mit Ihrem „Kram" gehen können.
- „Ich zieh wieder zu meiner Mutter", wird Ihren Partner zum Lächeln bringen und ihn unvermeidlich an eine schwache Phrase aus einem dämlichen Melodrama erinnern.
- Sich hinsetzen und heulen. Vielleicht ist Ihr Anblick so herzerweichend, daß Ihr Partner ganz durcheinander gerät und Sie trösten möchte. Aber wollen Sie sich genau in diesem Moment von ihm in die Arme nehmen lassen? Angesichts Ihrer Tränen kann er sich auch in dem Gefühl bestätigt fühlen, daß er schon immer mit einem schwachen Wesen zusammengelebt hat und es nur rechtens finden, Sie betrogen zu haben.
- Flüche und Sätze, wie: „Du widerst mich an. Faß mich nicht an", sind aus dem Programm zu streichen. Selbst wenn sich hinterher alles wieder einrenkt, bleiben solche Beleidigungen fest in der Erinnerung des anderen eingraviert.
- Sie gehen mindestens ein zweifaches Risiko ein, wenn Sie sofort einlenken und Ihrem Partner sagen „Es ist nicht

schlimm" oder „Ich verzeihe dir". Erstens haben Sie die Untreue des anderen angesprochen, weil es Ihnen etwas ausmacht, d.h. daß Sie unnötigerweise leiden, und zweitens muntern Sie Ihren Partner geradezu dazu auf, Sie ohne weitere Gewissensbisse erneut zu betrügen.

- Aus lauter Rachsucht losschreien: „Was denkst denn du, ich betrüg dich genauso", obwohl Sie natürlich wissen, daß das nicht stimmt, ist einfach nur lächerlich.
- Die Aufforderung: „Hau sofort ab, ich will nicht, daß die Kinder so einen Vater als Vorbild haben", ist auch nicht schlauer, denn Sie säßen ganz schön in der Patsche, wenn Ihr Partner dem Rauswurf unversehens nachkäme.
- Genauso unmöglich ist es, nach dem Namen des (oder der) Dritten zu fragen: „Der (oder dem) werd' ich es aber geben!" Stellen Sie sich doch auch nur eine Sekunde vor, Ihr Partner würde mit dem Namen der Person herausrücken, die für all Ihr Leid verantwortlich ist. Was würden Sie denn dann machen?
- Ein Vorschlag, wie „Also gut, laß uns zusammen darüber nachdenken, was wir tun können und was aus uns wird", zeugt von mehr Verantwortungsbewußtsein und ist besser dazu geeignet, langfristige Lösungen hervorzubringen.

> ❀ **Eine goldene Regel:**
> **Bitte verwechseln Sie Ihr Leben nicht mit einer Szene aus einem Theaterstück.**

5. Abenteuer oder Liaison

„Das sieht alles ganz einfach aus, solange man nicht damit konfrontiert ist", werden Sie sagen. Da haben Sie recht. Keiner kann vorhersagen, wie er sich in einer Krisensituation verhalten würde. Von Natur aus vorsichtige, ja ängstliche Menschen können in Katastrophensituationen einen ungeheuren Mut an den Tag legen. Andere hingegen, von denen man angenommen hätte, daß sie jeder Gefahr trotzen würden, brechen zum Erstaunen aller zusammen.

Wenn Sie unsere Vorschläge im vorliegenden Kapitel lesen, bevor Sie selbst mit einem Beziehungsdrama konfrontiert werden, gelingt es Ihnen vielleicht, mit der Untreue des anderen besser umzugehen. Allein wenn Sie sich Zeit zum Nachdenken geben, vergrößern Sie Ihre Chancen beachtlich, die richtige Lösung zu wählen. Erstens werden Sie aufgrund dessen nicht spontan unter dem Druck Ihrer Enttäuschung, Ihres Kummers oder Ihrer Wut handeln, und zweitens - noch wichtiger - sind Sie dann eher in der Lage, zu zweit über die Angelegenheit zu sprechen.

Wir haben bereits angedeutet, wie wichtig es ist, Liebesabenteuer und Liaison voneinander zu unterscheiden. Dies wird möglich, wenn die Tatbestände klar sind. Wenn Ihr Partner Ihnen seine Untreue bereits gestanden hat, darf er es nicht darauf beruhen lassen, sondern muß Ihnen ebenfalls erklären, ob es sich um eine vorübergehende Verliebtheit handelt oder um eine dauerhafte Beziehung.

Wenn Sie und Ihr Partner sich wirklich lieben, können Sie im ersten Fall sagen: „Schwamm drüber", auch wenn das nicht ganz einfach ist und einige Kratzer hinterläßt. Sie sollten ihn auf alle Fälle vorwarnen, daß Sie nur einmal verzeihen können. Wenn es Ihnen unmöglich ist, mit der Situation umzugehen, sollten Sie auch nicht so tun als ob. Im Laufe der Zeit wird die Situation sonst immer unerträglicher, und Sie werden es letztendlich bereuen, die Person, die sie verraten hat, nicht schon früher verlassen zu haben.

Es liegt auf der Hand, wieviel schwieriger es ist, mit der zweiten Form von Untreue umzugehen. Seit Monaten unterhält Ihr Partner eine Beziehung mit einer anderen Frau (oder einem anderen Mann), und Sie haben einiges an Zeit gebraucht, um dahinterzukommen. Er (oder sie) war geschickt genug, um nichts durchscheinen zu lassen.

Als dann aber Zweifel in Ihnen hochkamen und Sie Ihren Partner zu einem Geständnis gedrängt haben, fühlten Sie sich plötzlich verletzt, betrogen und lächerlich gemacht. An diesem Tag hat er Ihnen vielleicht gesagt: „Aber ich liebe dich doch, und ich will dich nicht verlassen. Wenn ich mit ihr (oder ihm) leben wollte, hätte ich dich doch schon längst verlassen." Im Angesicht von so viel Unbekümmertheit, Leichtfertigkeit und Egozentrismus ist es nur logisch, daß Sie zornig werden und rot sehen: „Das kann doch nicht wahr sein! Er (oder sie) denkt nur an seine Bequemlichkeit, und ich muß mich dreinschicken, als hätte ich kein Wort zu melden."

Insbesondere wenn Sie ein eifersüchtiger Mensch sind, steht es Ihnen zu, Ihrem Partner eine ordentliche „Szene" zu machen. Da kann Ihre Liebe für ihn noch so stark sein und Sie sich noch so innig mit ihm verbunden fühlen, wie sollen Sie eine Dreiecksbeziehung tolerieren, ohne daß Ihr Leben zur Hölle wird?

Auch wenn Sie wirklich kein eifersüchtiger Typ sind – und das gibt es selten –, werden Sie unter dieser Dreiteilung leiden. Ganz einfach, weil sie unseren westlichen Traditionen sehr fern liegt. Selbst wenn Sie eine Dreiecksbeziehung akzeptieren, wird es auch Ihnen so gehen, daß Sie sich in unheilvollen Momenten Ihren Partner mit der anderen (oder dem anderen) vorstellen. Vielleicht hat der vernünftige Teil Ihrer Persönlichkeit sich eingebildet, diese dritte Person edelmütig akzeptieren zu können, aber Ihr Herz und Ihr Körper machen Ihnen einen Strich durch die Rechnung. Ihre Erfahrung wird zu einem echten Leidensweg.

❀ Eine goldene Regel:
Tun Sie nicht so, als wären Sie stärker, als Sie es in Wirklichkeit sind, und betrügen Sie sich nicht selbst. Das ist ein Spiel, mit dem Sie sich kaputt machen.

6. Es gibt Lösungen

Wenn Sie spüren, daß Sie nicht fähig sind, auf eine Dreiecksgeschichte einzugehen, sagen Sie es Ihrem Partner gleich. Sie müssen sich dafür nicht schämen. Je länger Sie warten, desto schwieriger wird es für Sie sein, sich zu einer Entscheidung durchzuringen. Ihr Partner muß ohne Zögern zwischen Ihnen und der anderen Person wählen. Wenn er das nicht tut, müssen Sie eine Entscheidung treffen: Entweder Sie wählen Ihre persönliche Freiheit oder Sie entscheiden sich für die Dreieckskonstellation.

Suchen Sie nicht nach Vorwänden, um die Situation in die Länge zu ziehen. Es stimmt, daß man manchmal viel Mut braucht, um sich zu einer Trennung durchzuringen und den Blicken der Außenstehenden standzuhalten.

Wir möchten hier noch einmal ganz stark betonen, wie wichtig es ist, daß Sie genau wissen, was Sie im Grunde Ihres Herzens wollen: trotz der Existenz einer dritten Person den geliebten Menschen an Ihrer Seite behalten oder ihn trotz Ihrer Liebe verlassen. Entscheidend ist, daß Sie bei Ihrer Wahl mit sich selbst einig sind.

Einige versuchen es mit Zwischenlösungen, wie z.B. einer provisorischen Trennung. Diese Option hat einen gewissen Testwert und ermöglicht jedem, seine Gefühle auf die Waagschale zu werfen. Außerdem kann man davon ausgehen, daß bei dieser Variante beide Partner das gleiche Risiko eingehen. Manche Paare kommen nach einer zeitweiligen Trennung zu ganz erstaunlichen Schlußfolgerungen.

> ❀ **Eine goldene Regel:**
> **Wie Ihre Entscheidung auch aussieht, Sie sollten auf alle Fälle im Vorfeld darüber nachgedacht, geredet und diskutiert haben, um Reuegefühle und Gewissensbisse so sicher wie möglich auszuschließen.**

Er ist für einige Zeit zu seiner Geliebten gezogen (oder sie ist zu ihrem Geliebten gezogen). Im Alltag stellt sich schnell heraus, daß die (oder der) Angebetete nicht diese quasi-ideale Person ist, die er (oder sie) sich vorgestellt hatte. Nach einigen Wochen oder sogar Monaten gibt es nur noch einen einzigen Wunsch: wieder zur alten Liebe zurückzukehren.

Soweit nichts Besonderes, werden Sie denken. Das Erstaunliche ist nur, daß der andere, der sich entschieden hat, alleine zu leben, überhaupt keine Lust mehr hat, sich wieder mit dem Ex-Partner zusammenzutun.

- Weil ihm (oder ihr) das neue Leben in Freiheit Spaß macht.
- Weil er (oder sie) einen neuen Lebenspartner gefunden hat.
- Weil er (oder sie) begriffen hat, daß er dem Ex-Partner nicht verzeihen kann und es deswegen sinnlos wäre, einen neuen Versuch des Zusammenlebens zu starten.

Es handelt sich um eine gute Lösung, wenn es Ihr Ziel ist, „Klar Schiff" zu machen und Sie die Konsequenzen und Risiken abzuwägen und zu tragen in der Lage sind.

7. Eine Situation ist niemals hoffnungslos

Wir haben Ihnen geraten, sich nicht selbst zu beschuldigen, was jedoch nicht heißt, daß Sie sich nicht in Frage stellen sollen. Es gibt Männer und Frauen, die wie ein Kartenhaus zusammenbrechen und sich total gehen lassen, wenn sie von der Untreue ihres Partners erfahren. Das ist das

Schlimmste, was diesen Menschen passieren kann. Es bedeutet nämlich, daß sie bereits alle Hoffnung verloren haben, den anderen wieder für sich einzunehmen und ihn zurückzuerobern.

Selbst wenn die Situation hoffnungslos erscheint, ist sie es doch niemals gänzlich, außer wenn Sie sofort aufgeben und die Arme hängen lassen. Wir wollen Sie vom genauen Gegenteil überzeugen: **Um den anderen zurückzuerobern, müssen Sie zunächst wieder Oberhand über sich selbst gewinnen.**

Und wenn Sie ihn (oder sie) nun ein bißchen eifersüchtig machen würden? Wenn Sie gerade jetzt die Gelegenheit nutzten und sich wieder ein bißchen mehr um sich selbst kümmern würden? Schau an! Wird Ihnen etwa bewußt, daß Sie sich seit Monaten ein bißchen vernachlässigen? Das ist wahrscheinlich darauf zurückzuführen, daß Ihr Partner Sie keines Blickes mehr würdigte bzw. Sie nur noch gleichgültige Blicke ernteten. Ihnen war nicht wirklich klar, was da gespielt wurde, aber irgendetwas haben Sie gespürt. Also haben Sie sich gesagt: „Was bringts denn?" Nein, Sie sind gewiß nicht schuld an der Misere. Trotzdem sollten Sie sich gerade jetzt ins Zeug legen. Einer der Vorteile wäre, daß Sie sich später nicht irgendwelche Vorwürfe machen müssen, wie: „Ach hätt ich doch nur..." und „Wenn ich gewußt hätte..."

Es kommt sogar vor, daß ein Seitensprung als Angriff auf einen Treuepakt positive Auswirkungen hat. Zwei Menschen, die bislang ihr Leben recht unaufmerksam Seite an Seite verbrachten, betrachten einander neuen Blickes und entdecken sich wieder. Wir behaupten damit aber keineswegs, daß außerpartnerschaftliche Liebeleien eine gute Methode darstellen, um einer Zweierbeziehung einen neuen jugendlichen Elan zu verleihen!

Wir haben bislang nur von der Untreue des anderen gesprochen, weil diese Konstellation für viele Menschen so entwaffnend und leidbringend ist. Wenn Sie selbst einen Seitensprung begangen haben, sollten Sie lediglich wissen, daß es für Gewissensbisse zu spät ist. Sie brauchen auch nicht Ihren Partner verantwortlich zu machen, wenn Sie Ihr Handeln bereuen. Entscheiden Sie selbst, ob Sie darüber sprechen müssen oder ob Sie Ihre Untreue lieber verschweigen. Stellt Ihr Partner Ihnen Fragen, seien Sie ehrlich, egal wie Ihre Grundeinstellung zu der Frage ist. Und befragen Sie Ihr tiefstes Inneres, ob Ihr Partner nicht zurecht Zweifel hegt. Seien Sie sich selbst gegenüber nicht unlauter!

Wenn Sie Ihr Geheimnis nicht länger mit sich herumschleppen wollen, warten Sie jedoch den richtigen Moment ab, um Ihr Herz und Ihr Gewissen zu erleichtern. Es wäre feige, just in dem Moment, bevor Ihr Partner arbeiten geht, ein schnelles Geständnis abzulegen, in der Hoffnung, in der Eile Diskussionen und Streitereien vereiteln zu können.

Denken Sie über das nach, was Sie sagen möchten, und versuchen Sie, die möglichen Konsequenzen Ihrer Entscheidung abzumessen. Egal, ob Sie sich fürs Schweigen entschieden haben oder ob Sie Ihren Seitensprung beichten wollen.

❀ **Eine goldene Regel:**
Diese Situationen sind bereits so komplex, daß Sie sie nicht noch zusätzlich dramatisieren sollten. Versuchen Sie im Gegenteil, Abstand zu gewinnen, um klarer zu sehen.

8. Und die Kinder?

Man kann es nicht genügend wiederholen: Ihre Partnerschaft kann in ihrem Beispielcharakter die Einstellung Ihrer Kinder zur Zweierbeziehung ein Leben lang bestimmen und bedingen. Wenn Sie erfahren, daß Ihr Partner Sie betrügt, achten Sie unbedingt auf Ihre Haltung gegenüber den Kindern. Selbst in deren Beisein fällt es Ihnen womöglich schwer, Ihre Traurigkeit und Ihr Unglücklichsein zu verbergen. Zwangsläufig werden sich die Kinder fragen, was Sie so beschäftigt und möglicherweise Schuldgefühle entwickeln. Was tun?

Das hängt natürlich von dem Alter Ihrer Kinder ab, deren Akzeptanzvermögen sowie ihrer Fähigkeit zu begreifen, was Ihnen widerfährt.

Heranwachsende Kinder werden sehr schnell auf den Trichter kommen ... und Urteile fällen. In dem Fall hagelt es Fragen. Antworten Sie gegebenenfalls in aller Aufrichtigkeit. Wenn Sie Ihre Kinder anlügen, obwohl sie bereits wissen, daß ihr Vater (oder ihre Mutter) untreu ist, werden sie sich auch von Ihnen verraten fühlen. Die Kinder dürfen wirklich nicht das Gefühl bekommen, von zwei Seiten belogen zu werden. Es kann Ihnen passieren, daß Ihre Kinder Ihnen genau die Frage stellen, die sowieso im Raum schwebt: „Und was machst du jetzt?" Antworten Sie mit Bedacht! Übereilen Sie nichts und fragen lieber nicht sofort nach dem Rat Ihrer Kinder. Der/Die Betroffene sind zunächst einmal Sie. Wenn Sie mit sich ins reine gekommen sind, können Sie auch mit Ihrem Kind diskutieren und ihm die Gründe Ihrer Entscheidung erklären.

Versuchen Sie, seinen Kummer in Grenzen zu halten und die Enttäuschung abzuschwächen, die eine solche Situation zwangsläufig hervorruft. Es wäre unangebracht, Ihren Partner als Schuldigen anzuprangern, dem alles Schlechte in die Schuhe geschoben wird. Erst recht wäre es verfehlt, Haßgefühle anzufachen. Sie können erklären, daß jeder seine Schwächen hat und man versuchen kann, sie zu verstehen, wenn man sie auch nicht verzeiht. Kurz und gut, zerstören Sie nicht das Bild, das Ihr Kind von seinem Vater (oder seiner Mutter) hat. Es wird ihm schon schwer genug fallen, im alltäglichen Leben mit diesem „Verrat" umzugehen und ihn in sein Leben zu integrieren. Nicht zuletzt liefert Ihnen Ihr Dilemma eine Gelegenheit, mit Ihrem Kind über Liebe und Sexualität zu sprechen.

♥

Es sei einmal dahingestellt, wie Ihre grundsätzliche Einstellung gegenüber partnerschaftlicher Untreue und Seitensprüngen ist. Halten Sie sich jedenfalls vor Augen, daß Sie weder der erste noch der letzte (oder die erste noch die letzte) sind, der so etwas durchmacht. Es gibt zahllose Paare, die sich dieser Anfechtung gegenüber gestellt sahen und es geschafft haben. Sie sind nicht unversehrt geblieben, das ist wohl wahr, aber trotz aller Kratzer haben sie als Paar den Sieg davongetragen.

Kapitel 13

Das Recht zur Lüge

Szenen aus dem Leben zu zweit:
Die männliche Version:

Er: Was hast du heute gemacht?
Sie: Ich bin mit Dominique ins Kino gegangen.
Er: Mit welchem Dominique?
Sie: Du weißt doch, mit meiner Bekannten.
Er: Ach! Ich hatte deinen Ex-Freund im Kopf.
Sie: Du spinnst doch. Wie kommst du denn da drauf?
Er: Und was habt Ihr Euch angeschaut?
Sie: Den letzten Wim Wenders. Den, den du dir nicht anschauen wolltest.
Er: Wieso erzählst du mir denn solche Lügengeschichten?
Sie: Ich lüge nicht. Du bist doch wirklich lächerlich.
Er: Ich weiß, was ich sag. Ich merk's an deiner Stimme ... Und wenn ich deine Dominique anrufen würde?
Sie: Na, mach doch ...
Er: Das würde auch nichts bringen. Sicherlich hast du sie schon vorgewarnt!

Die weibliche Version:

Sie: Hast du gesehen, wie spät es schon ist?
Er: Ich hatte viel zu tun.
Sie: Du riechst nach Alkohol.
Er: Als wir vom Büro weg sind, bin ich mit Peter ein Glas Bier trinken gegangen.
Sie: Ein einziges?

Er: Ja, nur eins.
Sie: Das würde mich wundern. Ich glaub' dir nicht.
Er: Wieso sollte ich dich denn anlügen?
Sie: Natürlich ... wie immer.

♥

Ich, lügen? Niemals! Naja, naja... Jeder von uns hat in seinem Leben schon einmal gelogen. Wenn man etwas verschweigt, um jemandem nicht weh zu tun oder einfach aus Spaß. Doch, doch, das kommt vor. Von Kind auf schummeln wir, wenn wir eine Dummheit begangen haben, uns dessen bewußt sind, aber nicht ausgeschimpft werden wollen. Und dann schummeln wir einfach weiter, manchmal für nichts und wieder nichts: weil wir uns schämen, für ein Kleidungsstück viel Geld ausgegeben zu haben, weil wir zu spät zu einem Treffen kommen, usw. Es ist uns peinlich, die Wahrheit zu sagen, weil sie nicht immer angenehm ist. Und wenn der andere die Wahrheit unbedingt wissen will, haben wir den Eindruck, daß jemand in uns dringt und fühlen uns wie bei einem polizeilichen Verhör. Das führt gemeinhin zu Szenen, die zu allem Überfluß in einer Atmosphäre der Unaufrichtigkeit stattfinden.

1. Eine Frage des Vertrauens

In einer Zweierbeziehung hat die Lüge durchaus ihren Platz, vorausgesetzt daß sie sehr sparsam angewandt wird: vielleicht damit sich jeder sein Stück Freiraum bewahren kann. Immer die Wahrheit und nichts als die Wahrheit zu sagen, kann auch gefährlich sein. Es führt mitunter dazu, daß einer richtig Spaß daran gewinnt, den anderen leidend zu machen, ihn zu treffen, sich unter dem herrlichen Vorwand zu rächen: „Ich kann nicht lügen!"

Wenn man tagtäglich zusammenlebt, grenzt es fast an ein Wunder, wenn man seinem Partner niemals etwas verheimlicht. Das soll nicht heißen, daß man bei jeder Gelegenheit lügen soll. **Die Zweierbeziehung ist auf gegenseitiges Vertrauen gegründet und nicht auf permanenten Zweifel.** Verliert man das Vertrauen des anderen, so ist das schwerwiegend und bringt das Paar ernsthaft in Gefahr. Aber auch die Wahrheit birgt ihren Teil an Gefahr.

Ihrem Partner z. B. zu erzählen, wie schlecht Sie über seine Mutter denken, obwohl er sie über alles liebt, ist nicht besser, als sich über Ihre Gefühle auszuschweigen, was einer Unterlassungssünde entspricht, oder diverse Ausflüchte zu produzieren, um den Partner nicht zu verletzen. Der Streit ist nicht weit, wenn Ihr Partner Sie mit Fragen bedrängt, Sie in die Enge treibt, um die Wahrheit aus Ihnen herauszubekommen und Ihre Gedanken zu kennen. Man quetscht seinen Partner nicht ohne Grund so gnadenlos aus. Aber das wirkliche Motiv wird nicht immer zugegeben. Offenkundig will jemand einen Streit vom Zaun brechen. Und wenn er (oder sie) es dann geschafft hat, geht es meist gar nicht um das ursprüngliche Thema, sondern es werden ganz andere Vorwürfe formuliert.

> ❀ **Eine goldene Regel:**
> **Benutzen Sie weder Lüge noch Wahrheit als Waffe, um den anderen zu verletzen.**

Das ist vollkommen nutzlos und wird sich eines Tages gegen Sie wenden, wenn Sie am wenigsten damit rechnen.

Es ist doch auch wirklich nicht notwendig, Ihrem Partner lang und breit von Ihrem neuen, unwahrscheinlich charmanten Praktikanten (oder Ihrer unwahrscheinlich charmanten Praktikantin) zu erzählen, mit dem (oder der) Sie neuerdings Ihr Büro teilen. Selbst wenn Sie ohne jeden Hintergedanken in Begeisterung schwelgen, machen Sie mal langsam! Erzählen Sie lieber von seinen (oder ihren) beruflichen Qualitäten und schweigen sich über den Rest aus! Um Ihrer beider Ruhe und um der Harmonie Ihrer Zweierbeziehung willen. Außerdem kann die bezaubernde Wirkung dessen, was Ihnen bei dieser Person so verführisch erscheint, schon nach einigen Tagen verraucht sein. Wenn Sie sie erst als so wahnsinnig charmant beschrieben haben und plötzlich behaupten, daß sie bei näherem Kontakt vollkommen uninteressant ist, sind Sie selbst in die Falle gegangen. Obwohl Sie tatsächlich aufrichtig sind, wird Ihr Partner Ihnen nämlich nicht glauben. Im Gegenteil, er wird überzeugt sein, daß Sie ihm etwas verheimlichen wollen. Wie schwierig wird es dann sein, zu beweisen, daß Sie nicht lügen. Manchmal ist das Leben eben ganz schön kompliziert.

2. Die akzeptable Lüge

Wenn Sie sich wirklich zu einer Lüge gezwungen sehen, gehen Sie lieber nicht in die Details. Sie kommen zu spät und wollen nicht mit dem tatsächlichen Grund für Ihr Zuspätkommen herausrücken? Besser Sie erfinden keine hanebüchenen Geschichten, an die Sie sich nach ein paar Tagen nicht mehr erinnern können. Ihr Partner erinnert sich nämlich bis aufs kleinste Wort. Ein guter Lügner (oder eine gute Lügnerin) muß über ein gutes Gedächtnis verfügen.

> ❀ **Eine goldene Regel:**
> **Um Ihre Beziehung zu schützen, lügen Sie nur im Notfall, d. h. wenn Sie es wirklich nicht vermeiden können.**

Eine Lüge kann gelegentlich notwendig erscheinen, sie ist aber nur dann gerechtfertigt, wenn die Wahrheit böse Konsequenzen nach sich ziehen könnte. Lügen darf weder zur Regel noch zur Gewohnheit werden und schon gar nicht wie ein Spaß oder Spiel gehandhabt werden.

Es ist eine Tatsache, daß manche Menschen das Lügen mit einem sportlichen Eifer betreiben und wirkliches Vergnügen daraus beziehen. Sie glauben nicht an ihre eigenen Geschichten. Aber sie verdächtigen oft die anderen, auch wenn diese die Wahrheit sagen. Verhaltensweisen dieser Art können sich auf eine partnerschaftliche Beziehung nur katastrophal auswirken.

Entwickeln Sie nicht zu starke Schuldgefühle, wenn Sie lügen müssen, weil Sie ein Geheimnis bewahren sollen, das Ihnen ein Dritter anvertraut hat. Sie wollten die Wahrheit verschweigen, also bleiben Sie auch dabei. Und versuchen Sie nicht, sich mit endlosen Erklärungen Ihr Gewissen reinzuwaschen. Sollten Fragen gestellt werden, antworten Sie einfach: „Ich kann dir nichts sagen." Es lohnt sich nicht, Tag und Nacht in Schuldgefühlen zu schmoren, weil Sie sich geschworen hatten, einander nie etwas zu verheimlichen.

3. Ist Lüge Verrat?

Es ist deutlich geworden, daß man in einer Partnerschaft, wie auch in jeder anderen zwischenmenschlichen Beziehung, bisweilen nicht um eine Lüge herumkommt. Sie darf aber nicht die Grundlage Ihrer Beziehung zu Ihrem Partner sein. Wenn Sie über eine längere Zeit den Eindruck gewinnen, daß der andere Ihnen mehr und mehr Dinge verheimlicht, haben Sie durchaus das Recht, Erklärungen zu verlangen. Dazu braucht es Mut und diplomatisches Fingerspitzengefühl, aber nur so können Sie in Erfahrung bringen, was überhaupt los ist.

Eine Zweierbeziehung kann sich nicht glücklich entfalten, wenn die Lüge ständig präsent und bereits eine Form von Verrat geworden ist. Nach wilder Auseinandersetzung und entsprechenden Erklärungen können Sie Ihre Partnerschaft wieder auf viel solideren Grundfesten aufbauen.

Nichts ist verständlicher, als daß man ab und zu die Augen verschließt. Es ist aber keineswegs normal, ständig zum Narren gehalten zu werden und in einer vom Zweifel diktierten Beziehung zu leben. Außer Sie beschummeln sich und Ihre Gefühle, um Ihre Partnerschaft nicht in Frage zu stellen. Ob das aber der richtige Weg ist?

Unsere Schlußfolgerung lautet, daß Lügen annehmbar sind, wenn nicht zu häufig davon Gebrauch gemacht wird. Wenn überhaupt, sollen sie nur großzügigen Zwecken, der Liebe selbst oder absoluter Notwendigkeit dienen.

Kapitel 14

Sexualität ist wichtig!

Die männliche/weibliche Version:

Sie: Ich glaub, ich will ins Bett gehen …
Er: Hast du mal auf die Uhr geschaut?
Sie: Ja, es ist erst zehn Uhr.
Er: Wenn du müde bist, geh halt.
Sie: Komm doch auch.
Er: Ich bin überhaupt nicht müde.
Sie: Wer redet denn von schlafen?
Er: Weißt du, mein Tag war total anstrengend, und ich fühle mich echt nicht in Form.
Sie: Ich finde, daß du in letzter Zeit ziemlich oft anstrengende Tage hattest.

♥

In Ihrer Partnerschaft zählt natürlich nicht allein die körperliche Anziehung. Aber geben Sie ruhig zu, daß sie einen wichtigen Platz in Ihrer Zweierbeziehung innehat.

Machen Sie nicht gleich ein Drama daraus, wenn in Ihrer sexuellen Beziehung nicht dauernd eitel Sonnenschein herrscht. Anderen Paaren geht es ähnlich. Hier kommt auch die Routine ins Spiel, die für eine glückliche Sexualität eine echte Gefahr darstellt. Wenn die Leidenschaft abklingt und die gegenseitige Entdeckungsreise abgeschlossen ist, stellt sich oft so etwas wie Gewohnheit ein.

Eines schönen Tages wachen Sie mit ungewohnten Gelüsten und anderen Bedürfnissen auf und haben den Eindruck, daß Ihr Partner sie nicht verstehen wird. Das wichtigste ist erst einmal, daß Sie einander nicht grundsätzlich überdrüssig sind.

Wie dem auch sei, jedenfalls ist der Zeitpunkt gekommen, sich ein paar prägnante Fragen zu stellen, um herauszubekommen, was Sie eigentlich von Ihrem Partner erwarten. Egal wie lange Sie nun schon zusammenleben, ziehen Sie eine kurze Bilanz und gestatten Sie sich einen Blick zurück auf Ihre bisherige Partnerschaft.

1. Verlangen und Lust

Versuchen Sie sich zu erinnern! Gab es nicht auch zu Beginn Ihrer Beziehung Abende, an denen Sie ihm (oder ihr) lieber *Nein* gesagt hätten? Es versteht sich von selbst, daß Lustlosigkeit damals ein eher seltenes Phänomen war. Und wenn Ihr Partner ein bißchen insistierte, konnten Sie sich letztendlich ohne Mühen hingeben.

Wenn Sie heute *Nein* sagen, tun Sie das in einer ganz anderen Weise. Und wenn Sie sich umstimmen lassen, tun Sie dies nicht mehr zu Ihrem persönlichen Vergnügen, sondern eher um Ihrem Partner eine Freude zu bereiten. Miteinander schlafen erscheint Ihnen fast wie eine Last, derer man sich entledigen muß. Der Begriff „eheliche Pflichten" bekommt auf einmal eine Bedeutung, und man könnte sich fragen, wieso eigentlich nie jemand von „ehelichen Freuden" spricht.

Es ist nur zu klar: Wenn man sich seinem Partner verweigert, frustriert man ihn ganz bewußt. Wenn sich diese Verweigerung immer wiederholt, kann das dramatische Folgen haben. Die Situation, in der sich eine Abweisung abspielt, ist an sich schon höchst problematisch, und noch dazu entfacht sie zahlreiche Fragen: „Warum?"... „Liebt er (oder sie) mich nicht mehr so wie früher?"... und die gefährlichste:

„Gibt es jemand anderen in ihrem (oder seinem) Leben?" Wenn Ihr Partner Ihnen solche Fragen stellt, versuchen Sie, sich in seine Lage zu versetzen: Sie hätten doch gewiß die gleichen Reaktionen, die gleichen – durchaus legitimen – Zweifel gehabt. Und hätten Sie es gewagt, darüber zu sprechen?

❀ **Eine goldene Regel:**
Wenn Sie Ihre sexuelle Beziehung als mehr oder minder flügellahm empfinden, sprechen Sie das Thema mit Ihrem Partner an, bevor die Situation blockiert ist.

Es ist nicht einfach, sich solchen Diskussionen zu stellen, da wir zusätzlich zu möglicherweise vorhandenen Schamgefühlen nach wie vor von überlieferten Tabus bestimmt werden. Gewisse Erziehungsmethoden untersagten uns, über Themen zu sprechen, die irgend etwas mit Sexualität zu tun hatten, selbst wenn es sich dabei um ganz harmlose Dinge handelte. Mit Freunden ist es möglich geworden, darüber zu reden, aber auch eher in einem spaßigen Ton. Wenn es aber um unsere eigene Sexualität geht, tun wir uns schwer, dieses heikle Thema mit unserem Partner anzuschneiden. Soll das Ganze nicht zum Drama ausarten, müssen Sie sich jedoch zusammenreißen und den nötigen Mut dazu aufbringen.

Die ach so bekannte Migräne, die Müdigkeit nach einem anstrengenden Tag oder ein hartes Programm am nächsten Arbeitstag sind Vorwände, die man ab und an nennen kann. Sie ähneln bei häufigem Gebrauch schnell falschen Alibis. Das sind sie dann auch. Sie kaschieren nur Ihre Unfähigkeit, offen über Ihre Lustlosigkeit zu sprechen oder Ihr Unwohlsein mitzuteilen.

Wenn Sie Ihr Mangel an Lust zu oft in heikle und unschöne Situationen mit Ihrem Partner bringt, gibt es einen

Trick. Er ist ganz simpel, funktioniert aber gut: Stellen Sie sich vor, wie Sie nächtelang allein in Ihrem Bett schlafen. Keiner liegt neben Ihnen, nimmt Sie in die Arme und umgibt Sie mit seiner warmen Zärtlichkeit. Sie werden feststellen, daß diese triste Vorstellung in der Regel ausreicht, um Sie umzustimmen und den Annäherungsversuchen Ihres Partners zu öffnen.

♥

2. Libido und die Lust zur Verführung

Warum haben Sie denn eigentlich weniger Lust, mit Ihrem Partner zu schlafen oder er mit Ihnen? Die Antworten variieren natürlich von Individuum zu Individuum und von Paar zu Paar. Trotzdem können wir nachfolgend einige aufzählen: „Ich empfinde nicht mehr die gleiche Ekstase wie früher." Was wäre normaler. Ohne Zweifel sind auch Ihre Gefühle nicht mehr so feurig wie zuvor. Wie lange haben Sie schon nicht mehr probiert, sich gegenseitig zu überraschen und zu erstaunen? Weil man sich ja so gut kennt, kann jeder schon die Reaktionen des anderen voraussehen. Wenn Sie keine Lust mehr haben, etwas Neues auszuprobieren, praktizieren Sie bereits ein Art *amore triste*. Und gegen die könnten Sie mit der Zeit eine Art Aversion entwickeln. Es wird unbedingt Zeit, daß Sie mit Ihrem Partner reden. Keine Ausflüchte bitte, und verschieben Sie Ihr Gespräch auch nicht länger auf später. Wenn es Ihnen wirklich unmöglich ist, offen über Ihre Sexualität zu sprechen, versuchen Sie es zumindest mit einigen Andeutungen. Das ist ein unzulänglicher Behelf, keinesfalls eine Lösung.

Mit den Jahren wird das Miteinander-schlafen für viele Paare eine immer schnellere „Nummer". Sie lassen sich weniger Zeit bei ihren Vorspielen, und auch die Zärtlichkeiten nach dem eigentlichen Liebesakt gehören nicht mehr automatisch dazu. Strengen Sie sich an, damit Ihr Partner Lust bekommt, diese Momente neu zu erfinden und ihnen entsprechend Zeit zu widmen. Miteinander schlafen, „Liebe machen", soll wie ein Spiel empfunden werden und nicht wie eine Verpflichtung – das gilt selbst für Hundertjährige!

❀ **Eine goldene Regel:**
Unabhängig von Ihrer Erziehung sollten Sie niemals leugnen, daß Ihre sexuelle Beziehung eine wichtige Rolle in der Entfaltung Ihrer Partnerschaft spielt.

Warum begehre ich ihn (oder sie) weniger als zuvor? Zu Beginn Ihrer Beziehung waren Sie füreinander Geliebte und wollten es sich beweisen. Seltsamerweise wagen Sie dies heute nicht mehr, fast schämen Sie sich. Mit der Zeit erscheinen Ihnen bestimmte Gesten geradezu lächerlich. Schlimmer noch, Sie befürchten, daß man Ihnen weniger Liebe entgegenbringen wird, wenn Sie Ihre Begierde zeigen. Sie haben Angst, vulgär zu sein und ganz anders zu erscheinen, als Sie in Wirklichkeit sind. Viele Menschen entwikkeln im Laufe der Partnerschaft derartige Bedenken. Dabei sollte es zwischen Männern und Frauen, die sich definitiv für eine gemeinsame Zukunft entschieden haben, keine solchen Verbote geben, denn sie blockieren den Weg zu einer freien und glücklichen Sexualität.

Es gibt viele Partner, die dazu tendieren, ihre Sexualität und ihre Gefühle auseinanderzuhalten, sobald sie unter einem Dach wohnen. Lassen Sie sich keinesfalls von dieser negativen Spirale mitreißen. Es gibt nur eine Möglichkeit, dieser Tendenz ein Ende zu bereiten: Wagen Sie das Gespräch mit Ihrem Partner und bemühen Sie sich um Zärtlichkeit und klaren Verstand.

Wir müssen zurückfinden zu dieser Lust am Verführen, über die wir bereits in anderen Kapiteln gesprochen haben. Wenn Sie Ihre Partnerschaft aufrecht erhalten wollen, müssen Sie beide, d.h. Mann *und* Frau, dazu bereit sein, tagtäglich Ihre Reize spielen zu lassen und Lust daran entwickeln, den anderen immer wieder zu erstaunen. Ohne das gibt es kein wirkliches Leben zu zweit.

3. Was die Lust auslöst

Wieder kommen wir auf die Unterschiede zwischen Männern und Frauen zu sprechen. Wenn wir harmonisch zusammenleben wollen, gilt es, diese Unterschiede akzeptieren zu können, statt sie um jeden Preis zu bekämpfen. Die ersten Anzeichen der Verliebtheit sind bei Frauen in der Regel mit Gefühlen verbunden, während sie bei Männern einen physischen Charakter haben. Wenn auch der Weg zum siebten Himmel von Geschlecht zu Geschlecht verschieden ist, bleibt das Ziel das gleiche: die Liebe miteinander zu teilen.

Hier liegt wohl auch der Grund, warum die Zärtlichkeiten vor dem Liebesakt wie auch die Momente nach dem eigentlichen Beischlaf für Frauen sehr oft von größerer Bedeutung sind als für Männer. Es ist wichtig, daß Ihnen diese Mechanismen bewußt sind, damit Sie Ihren Partner besser verstehen können und einige seiner Verhaltensweisen akzeptieren, auch wenn Sie Ihnen in gewissen Momenten schier unerträglich erscheinen.

Die Erfahrung hat gezeigt, daß zahlreiche latente Probleme in der Beziehung an Bedeutung gewinnen, wenn es mit der Sexualität nicht mehr stimmt und die Partner unbefriedigt sind. Daraus können Sie ableiten, wie wichtig es ist, den körperlichen Aspekt der Zweierbeziehung, den Sie unbedachterweise für zweitrangig gehalten haben, nicht zu vernachlässigen. Ohne die Sexualität überzubewerten und so zu tun, als würde der Rest überhaupt nicht zählen, kann es als sicher gelten, daß sexuelle Unstimmigkeiten zweier Partner so manche Trennung mitzuverantworten haben. Wenn sich nämlich zwei Menschen auf sexueller Ebene gut verstehen, kann das umgekehrt zu einer Festigung ihrer Bindung führen.

Die Harmonie einer Zweierbeziehung ist von dem Platz abhängig, den die Sexualität im Leben dieses Paares innehat. Schlechte sexuelle Beziehungen stellen eine Gefahr dar: Sie können einen der beiden Partner dazu drängen, woanders Verständnis und Eintracht zu suchen, die er zu Hause nicht finden kann.

Wenn Sie sich lieben, müssen Sie Verständnis füreinander haben und Ihre Wünsche und Gelüste respektieren, egal, wann sie sich offenbaren. Genauso müssen Sie die Unlust des anderen respektieren, sofern diese keinen dauerhaften Charakter hat.

4. Wo sind die Grenzen?

Selbst wenn Sie bislang ein idyllisches Sexualleben zusammen geführt haben, kann es sein, daß Ihr Partner – um seine Begierde neu zu entfachen – plötzlich Lust auf etwas anderes hat. Er (oder sie) wagt vielleicht nicht, über seine neuen Phantasien zu sprechen, aber er (oder sie) macht womöglich Andeutungen und versucht Ihnen zu verstehen zu geben, daß er Ihre gemeinsame Sexualität nicht mehr wie zu Beginn Ihrer Beziehung als paradiesisch empfindet.

Wie sehen seine neuen Wünsche und Bedürfnisse aus? Und entsprechen sie den Ihren? Vielleicht hat er (oder sie) in irgendwelchen Zeitschriften geblättert oder sich erotische Videos angeschaut, jedenfalls reizen ihn (oder sie) Dinge, die Ihnen nicht gefallen. Aber Sie haben Angst, in seinen (oder ihren) Augen als prüde, total verklemmt oder altmodisch zu erscheinen, wenn Sie nicht auf seine Wünsche eingehen. Und das wollen sie logischerweise nicht. Zudem haben Sie Angst, ihn (oder sie) zu verlieren, wenn Sie nicht auf seine Forderungen und Wünsche eingehen, auch wenn sie sich Ihnen wie stupide oder gar schockierende Spielchen und Launen darstellen.

> ❀ **Eine goldene Regel:**
> **Aus Rücksicht auf die Lust und das Vergnügen des anderen können Sie nicht alles akzeptieren. Sie müssen Ihre eigenen Grenzen erkennen.**

Wenn das, was der andere von Ihnen erwartet, vollkommen gegen Ihre Natur geht, machen Sie nicht mit! Verweigern Sie sich und warten einen passenden Moment ab, um mit ihm darüber zu reden und sich auszusprechen! Er (oder sie) muß begreifen, daß es Dinge gibt, auf die Sie nicht eingehen können. Was Ihrem Partner als erotisch erscheint, empfinden Sie glatt als abstoßend. Auch im Bereich der Sexualität gibt es für jeden Menschen unterschiedliche Vorlieben, die keiner objektiv beurteilen kann.

Wenn Ihr Partner Sie bittet, seinen – völlig unerwarteten – Wünschen nachzukommen, folgen sie am besten nur Ihrem Instinkt. Entwickeln Sie keine Schuldgefühle, wenn Sie genau die gleichen Begierden haben und Sie diesen nun freien Lauf lassen, nachdem Sie sie sich bislang aufgrund bestimmter Moralvorstellungen verboten hatten.

Wenn Sie hingegen nicht in der Lage sind, den Wünschen Ihres Partners nachzugehen, brauchen Sie sich nicht gleich einbilden, daß er woanders sexuelle Erfahrungen gemacht hat, die nichts mit dem zu tun haben, was sie gemeinsam erlebt haben. Jeder darf den anderen erstaunen wollen, um die Begierde neu zu entfachen. Oftmals handelt es sich dabei um nichts anderes als um einen Liebesbeweis.

Wenn Sie akzeptieren, was man gemeinhin „sexuelle Phantasien" nennt, können Sie Routine vermeiden und die Lust an der Liebe andauern lassen. Selbstverständlich gilt als Voraussetzung, daß beide Partner sich in Harmonie auf der gleichen Wellenlänge befinden.

5. Liebe ohne Tabu

Logischerweise dürfte es zwischen zwei Menschen, die sich lieben, keine Tabus geben. Oft wird behauptet, daß die Männer ein stärkeres sexuelles Bedürfnis hätten als die Frauen. Das stimmt nicht. Ihre Lust wird nur anders stimuliert. Während die Frauen auf die Reize eines Parfums, einer Stimme, einer leichten Berührung reagieren, sind für viele Männer eher visuelle Reize ausschlaggebend.

Es gibt keinen Grund aufzugeben, wenn Sie den Eindruck gewonnen haben, daß es nichts mehr gibt, was Ihre Lust auf körperliche Liebe mit Ihrem Partner stimuliert, wenn es sich für Sie beim Sexualverkehr nurmehr um eine Pflicht oder gar eine Last handelt. Erklären Sie Ihrem Partner, daß es Worte und Gesten gibt, die alles wieder in Gang bringen könnten. Haben Sie keine falschen Schamgefühle, und reden Sie sich nicht ein, daß alles besser würde, wenn Sie sich einen Liebhaber (oder eine Liebhaberin) nähmen! Denn entgegen dem, was manche behaupten, wird ein Liebesabenteuer Ihre Lust auf den Lebenspartner auch nicht neu entfachen. Sollte das der einzige Grund sein, wieso Sie überhaupt nach jemand anderem Ausschau halten, könnten Sie Ihre Initiative nachher bitter bereuen und Ihrem Partner noch dazu böse sein.

❀ **Eine goldene Regel:**

Wenn Sie den Eindruck haben, daß Sie Ihrem Partner mehr Liebe entgegenbringen als umgekehrt, so ist das noch lange kein Grund, jemand anderen mit Ihren überschüssigen Liebesenergien zu überschütten.

Zumindest nicht sofort. Seien Sie geduldig. Sie fühlen sich einsam und ein bißchen verlassen. Sie leiden unter diesem Zustand. Statt Ihren Kummer in sich hineinzufressen, sollten Sie sich besser mit Ihrem Partner aussprechen! Wenn nichts hilft, wenn der andere Ihnen kein Verständnis entgegenbringt, denken Sie darüber nach, ob Ihr Bedürfnis nach Streicheleinheiten wirklich nicht gesättigt werden kann! Was auch passiert, verzichten Sie nicht auf Ihre Ansprüche! Andernfalls haben Sie eines Tages das Gefühl, sich als Opfer auf dem Altar der platonischen Gefühle haben schlachten zu lassen.

6. Die Liebe als Kameradschaft

Sie kann wohl intellektuell befriedigend sein, jedoch ist sie eine schreckliche Falle: Sie betreten eine Gefahrenzone voller Zärtlichkeiten ohne Sexualität und mit einer Herzensbindung ohne Körperlichkeit. Wenn Sie das akzeptieren, geraten Sie in eine höchst zwiespältige Situation, selbst wenn sie Ihnen eine Weile lang recht komfortabel erscheint. Sie lieben sich, und dennoch leben Sie wie ein Paar nach der Trennung: zwei Freunde unterschiedlichen Geschlechts, die sich prächtig verstehen. Genau das ist der Punkt. Sie müssen sich bewußt werden, daß Sie noch ein Paar sind, zwei verheiratete oder nicht verheiratete Menschen, die unter einem Dach leben und die einander gewählt haben, um alle Dimensionen der Liebe miteinander zu teilen.

❀ **Eine goldene Regel:**
Vermeiden Sie um alles in der Welt, daß Ihr Partner für Sie nichts anderes mehr ist als ein Freund.

Fragen Sie sich, wieso sie diesen Tatbestand akzeptieren. Um sich nicht der Einsamkeit stellen zu müssen? Weil Sie nicht auf Ihren Partner verzichten wollen? Weil Sie gegenüber Ihrem Umfeld ein gewisses Bild aufrecht erhalten wollen? Damit Ihre Kinder nicht leiden? Oder schlechterdings, weil Sie nicht wagen, dem Problem ins Auge zu schauen und mit Ihrem Partner darüber zu diskutieren?

Es bringt nichts, die Augen vor dem Problem zu verschließen oder diesen Fragen aus dem Weg zu gehen. Sie können natürlich erwidern, daß Ihnen die Situation genehm sei. Und daß Sie so glücklich seien. Aber wie lange? Wie viele Monate und Jahre werden Sie an Ihr eigenes Glück glauben, ohne sich eingestehen zu müssen: „Ich hab mich vertan, in welcher Beziehung leb' ich eigentlich?" Wie lange werden Sie dem Gefühl von Mangel und Entzug widerstehen, bis dann die Lust in Ihnen hochkommt, sich von einem anderen in die Arme nehmen zu lassen?

Ja, die Sexualität gehört zu unserem Paarleben! Seien Sie sich dessen bewußt und versuchen Sie niemals, diesen wichtigen Aspekt Ihrer Zweierbeziehung zu vernachlässigen!

Kapitel 15

Die kleinen Dinge, die die Liebe aufrechterhalten

Die weibliche Version:

Sie: Guten Abend, Schatz. Gehts dir gut?
Er: Ja, ja. Alles in Ordnung.
Sie: Ist dir nichts aufgefallen?
Er: Nein, Hätte mir was auffallen müssen?
Sie: Ja, hätte dir. Ist aber nicht schlimm. Ich hab ein neues Kleid an.

Die männliche Version:

Er: Wie findest du, daß ich aussehe?
Sie: Sehr gut, wie immer..
Er: Siehst du keine Veränderung?
Sie: Nein, wieso? Ist irgend etwas anders?
Er: Siehst du nicht, daß ich eine total andere Frisur habe?

♥

Oft laufen die Dinge nach einer gewissen Zeit, als würde man den anderen gar nicht mehr sehen und als würde uns sein Äußeres überhaupt nicht mehr interessieren. Nichts ist doch frustrierender, als wenn man sich etwas geleistet hat, stolz über das neue Outfit nach Hause kommt, sich schon darauf freut, den anderen zu überraschen und dann feststellen zu müssen, daß er überhaupt nichts bemerkt hat.

Mit der Zeit gewinnt man den unangenehmen Eindruck, für den anderen durchsichtig zu sein. Wenn das für Sie zutrifft, sollte in Ihrem Inneren ein rotes Signallämpchen aufleuchten: „Achtung Gefahr!"

1. Sich anschauen

Männer wie Frauen kriegen dann gemeinhin Lust, den anderen zu provozieren. Aber leider hat das nur selten den erhofften Effekt. Natürlich können Sie die Aufmerksamkeit Ihres Partners auf sich lenken, aber Sie laufen Gefahr, mehr Kritik als Komplimente zu ernten. Damit Ihr Partner Sie beachtet, müssen auch Sie ihn beachten. Es braucht dazu nichts weiter als ein bißchen Aufmerksamkeit.

Wie können Sie Ihrem Partner seine „Blindheit" vorwerfen, wenn Sie sich selbst keine Mühe geben, Ihren Partner aufmerksam zu beobachten. Es geht nicht darum, den anderen von oben bis unten zu taxieren, sobald er nach Hause kommt. Schauen Sie ihn einfach an, wenn Sie ihm „Guten Abend" wünschen. Das ist so einfach; man muß nur daran denken. Seien Sie mal ehrlich. Wie oft haben Sie schon Ihre Wange oder Ihre Lippen zum Begrüßungskuß hingereicht, ohne Ihren Partner auch nur anzuschauen?

Wenn Sie imstande sind, auch kleinste Veränderungen in der äußerlichen Erscheinung Ihres Partners wahrzunehmen, machen Sie ihm bereits eine Freude. Es ist ja auch eher unwahrscheinlich, daß es jeden Tag etwas zu bemerken gibt, ausgenommen, Sie leben mit einem Menschen zusammen, der sich entschlossen hat, Sie täglich zu überraschen. Das ist dann so eine Art Spiel zwischen ihm und Ihnen. Warum nicht? Auch so kann man seine Liebe pflegen.

„Du warst ja heute beim Frisör." Das ist eine Bemerkung, die auf alle Fälle Freude bereitet, weil man damit dem anderen bezeugt, daß man nicht gleichgültig geworden ist.

❀ **Eine goldene Regel:**
Sollten Sie die Veränderung nicht gutheißen, ist es nutzlos, gleich zu kritisieren. Warten Sie, bis der andere Sie fragt, ob es Ihnen gefällt. Gegebenenfalls können Sie dann nach den richtigen Worten suchen, die Ihrer Kritik Ausdruck verleihen, ohne Ihren Partner unnütz zu verletzen.

2. Manchmal reicht ein liebes Wort

Es gibt auch Worte oder Bemerkungen, die wie Geschenke aufgenommen werden. Wir alle wissen, wie es ist, wenn man einen schlechten Morgen hat, wenn alles schief geht, sobald man nur den Fuß über die Bettkante setzt – manchmal sogar schon vorher, wenn der Wecker nicht geklingelt hat. Der Kaffee ist zu heiß, der Wasserhahn im Bad spendet nur kaltes Wasser, der Fön hat einen Defekt, der Pulli, den Sie anziehen wollten, hat einen Fleck, und Sie müssen die Haustreppe runterlaufen, weil der Aufzug kaputt ist.

Ein derartiges Zusammentreffen böser Umstände ist Gott sei Dank selten. Aber wenn Sie nun gerade auf die Kaffeemaschine fluchen oder mit der Spülmaschine kämpfen, dann sind Ihnen gewiß eine liebevolle Umarmung und tröstende Worte lieber als Vorwürfe über Ihre schlechte Laune. „Mach dir nichts daraus. Es gibt solche Tage. Morgen sieht alles wieder anders aus. Ist doch nicht schlimm, oder?" Das hört sich besser an als „Na also, was kann ich denn dafür?" mit einem unterdrückten Vorwurf über Ihre Klagen. Sie müssen sich denken, daß Ihr Partner in einer ähnlichen Situation gewiß ähnlich zärtlicher Worte bedarf.

Da wir ja in gewisser Weise bereits über Geschenke sprechen, lassen Sie uns nun auch über diese kleinen Präsente sprechen, die der gegenseitigen Liebe so gut tun.

3. Kleine Aufmerksamkeiten

Männer geben freiwillig zu, daß sich Frauen besser an Geburts- oder Namenstage erinnern. Das stimmt wohl auch. Vielleicht sind sie besser organisiert, vielleicht sind Ihnen diese Feste auch einfach wichtiger. Es gibt jedoch auch Frauen, die sich überhaupt nicht dafür interessieren, so wie es Männer gibt, die es sich nie verzeihen würden, einen solchen Anlaß zu vergessen.

> ❀ **Eine goldene Regel:**
> **Hören Sie nicht auf Ihren Partner, wenn er behauptet, daß ihm solche Banalitäten gleichgültig sind. Merken Sie sich die entsprechenden Daten, und zeigen Sie, je nachdem was er bevorzugt, mit einem kleinen Präsent oder einer netten Bemerkung, daß Sie sich seines persönlichen Feiertages erinnern.**

Auch wenn ein Mann oder eine Frau fest behaupten, daß ihnen Geburtstage und Namenstage „wurscht" sind und überhaupt keine Bedeutung für sie haben, werden sie trotzdem gerührt sein, wenn jemand daran denkt.

Wenn Ihr Partner es nicht leiden kann, daß man seinen Namenstag feiert, schenken Sie ihm nichts. Wie wäre es aber mit einen freundlichen Glückwunsch, z.B. „Trotzdem, alles Gute". Komischerweise wird er andernfalls glauben, daß Sie gar nicht an ihn gedacht haben. Gefühle gehen manchmal komplizierte Wege, denen es schwierig ist zu folgen.

Ein noch schwierigeres Thema: die Geburtstage. Es gibt Leute, die es schrecklich finden, daß man ihnen ihr Alter in Erinnerung ruft. Das sind in der Regel die, die ihr wirkliches Alter nicht zugeben und auch nicht wollen, daß man sich daran erinnert. Von Partner zu Partner liegt das Problem anders. Beide kennen sich und können sich bezüglich des Alters nichts vormachen. Wie kann man nur einem Geburtstagsmuffel trotzdem „Alles Gute" wünschen? Auch hier können wieder die „Geschenkworte" helfen. Sie müssen Sie nur finden. Wenn es Ihnen an Eingebung mangelt, liefern wir Ihnen nachfolgend einige typische Beispiele:

Alles Gute zum Geburtstag und danke! Mit dir sehe ich gar nicht, wie die Zeit vergeht.

Du siehst super aus. Ich habe wirklich den Eindruck, die Jahre können dir überhaupt nichts anhaben.

Heute sollte ich mich bei deinen Eltern dafür bedanken, daß es dich gibt.

Ich weiß, daß du es nicht gern hast, wenn man dir „alles Gute zum Geburtstag" wünscht. Darf ich mir denn heimlich wünschen, es dir noch jahrzehntelang sagen zu wollen?

Wenn Sie den anderen lieben, werden Ihnen noch zahllose Ideen kommen, wie Sie ihm mit zärtlichen „Geschenkeworten" Geburtstagswünsche überbringen können.

Wir sollten aber auch die nicht vergessen, denen es maßlos wichtig ist, daß man ihren Geburtstag feiert. Achtung, wenn Sie Ihr Leben mit einem solchen Menschen teilen, dürfen Sie diese persönlichen Feiertage nicht vergessen. Das wäre ein Anlaß zu ernsten Unannehmlichkeiten. Notieren Sie sich das Ereignis mit Rotstift in Ihrem Kalender, kleben Sie einen Zettel in Ihr Büro, aber bilden Sie sich nicht ein: „Ich werde mich schon erinnern." Die Gefahr des Vergessens ist zu groß.

Ein Ratschlag für die, denen ihr Geburtstag so wichtig ist: Auch wenn der Überraschungseffekt dahin ist, machen Sie einige Tage vor Ihrem Geburtstag einige diesbezügliche Andeutungen. So können Sie sich eine Enttäuschung oder ein schmerzliches Erlebnis ersparen. Sie werden natürlich nicht in Erfahrung bringen können, ob der andere auch ohne Ihre Anspielungen an Ihren Geburtstag gedacht hätte. So oder so müssen Sie die Risiken abschätzen!

4. Der Hochzeitstag: ein „heiliges" Datum

Wenn Sie sich vor einem Standesbeamten das Jawort gegeben haben, wird vielleicht dieser Geburtstag zu einem der wichtigsten Daten. Seltsamerweise ist es ein Datum, das die Männer schon eher mal vergessen, während sich die Frauen in der Regel daran erinnern. Manche behaupten, das läge daran, daß für die Frauen ein erfolgreiches Gefühlsleben ein vitaler Bestandteil ihres allgemeinen Erfolgsempfindens ist, während die Männer dem beruflichen Erfolg immer den Vorrang gäben.

Also, meine Herren, wenn Sie ein Datum wirklich nicht vergessen dürfen, so ist das Ihr Hochzeitstag. Ihre Frau kann jederzeit danach fragen. Bequemen Sie sich nicht damit, zu antworten: „Es ist im Juni." Seien Sie präziser, denn Ihre Frau kann sich gewiß des Tages, der Stunde und tausend anderer Details erinnern, die sich in ihrer Erinnerung eingraviert haben. Alle Jahre wieder wird sie sich wünschen, daß Sie ihr als Souvenir ein Geschenk machen, welches sie an den Hochzeitstag erinnert und ihr zeigt, daß Sie immer noch verliebt in sie sind.

Und Sie, meine Damen, auch Sie sollten Ihrem Mann das Gefühl vermitteln, daß er für Sie noch genauso zählt wie am ersten Tag. Auch wenn er solchen Aufmerksamkeiten weniger Bedeutung beimißt als Sie. Vermeiden Sie jedoch die ewigen „Erinnerst du dich ..." Das nervt, außer wenn Sie Ihrem Partner lobend zeigen möchten, wie wunderbar der gemeinsame Weg bisher gewesen ist. Und klammern Sie Momente aus, die für Sie wie auch für ihn schwierig gewesen sind.

Ein weiteres Fest gibt gelegentlich Anlaß zu Spannungen. Nur vierzig Prozent der Paare beispielsweise geben zu, daß sie gerne den Valentinstag zelebrieren. Das Fest der Liebe, das man zu zweit feiert. Hier gibt es keine Regeln, Sie müssen wissen, wie Sie diesen Tag gemeinsam begehen wollen. Er kann ganz einfach Gelegenheit dazu sein, dem anderen zu sagen: „Ich liebe dich", zu zweit auszugehen, den Abend anders zu verbringen als sonst. Für die vom Glück begleiteten Verliebten sollte es Valentinstag jedoch nicht nur am 14. Februar geben. Aber wenn es diese Tradition schon gibt, warum soll man sie dann nicht respektieren. Schließlich ist es eine schöne Tradition.

❀ **Eine goldene Regel:**
Wenn Ihrem Partner viel an Feierlichkeiten gelegen ist, sorgen Sie dafür, weder seinen Geburtstag noch sonst irgendeinen Festtag zu verpassen. Auch wenn Sie selbst nichts damit am Hut haben. Das verhindert einige Unannehmlichkeiten!

Nützliche und unnütze Geschenke, kleine Aufmerksamkeiten, zärtliche Worte und dicke Schmuser begleiten unser Liebesleben. Genau diese kleinen „Nichtigkeiten" sind es, die uns das Herz erwärmen. Vergessen Sie das nicht, auch wenn Sie eher dazu tendieren zu zeigen, wie unwichtig Ihnen diese Dinge sind!

Kapitel 16

Verdammte Eifersucht

Die männliche/weibliche Version:

Er: Schatz, stell dir vor! Ich hab diesen Auftrag gekriegt und muß jetzt nach Frankreich, um den Vertrag zu unterzeichnen!

Sie: Ja ...?

Er: Man würde ja glatt denken, du freust dich nicht!

Sie: Doch, doch, natürlich. Wo denkst du hin. Wer begleitet dich?

Er: Ich fliege natürlich allein.

Sie: Bist du dir da so sicher?

Er: Worauf willst du eigentlich hinaus? Du kannst mich ja zum Flughafen bringen, dann wirst du's schon sehen.

Sie: Ich würde gar nichts sehen, selbst wenn du sehr wohl in Begleitung wärst. In diesen Fällen trifft man sich ja nicht unbedingt am Schalter zum Einchecken.

Er: Und woher weißt du das.

Sie: Na, das weiß doch jeder!

Er: Sag mal, als du allein zu deiner Schwester nach Köln gefahren bist, da hast du doch die ganze Zeit allein mit ihr verbracht, oder?

Sie: Ich bitte dich, fang nicht wieder an. Wir haben bereits darüber gesprochen. Ja! Ich war allein mit ihr.

Er: Wer kann mir das beweisen?

Sie: Und was beweist mir, daß du allein nach Frankreich fliegst?

Er: In der Tat, nichts. Denk doch, was du willst ... Ich habe die Nase voll, mich immer rechtfertigen zu müssen.

Sie: Ich auch.

Man sagt, daß Eifersucht eine häßliche Charakterschwäche sei. Noch dazu gehört sie zu denen, die sich am schwierigsten korrigieren lassen. Es gibt nur wenige, wirklich wenige Menschen, die das schaffen.

Unter Umständen behaupten Sie jetzt, daß das vorliegende Kapitel nicht relevant für Sie sei, da Sie für Eifersüchteleien unempfänglich seien und Ihnen dieses Gefühl total fremd sei. Sind Sie sich da so sicher? Haben Sie noch niemals ein vages Unwohlsein empfunden, weil Ihr Partner mit jemand anderem einen Blick, ein Lächeln ausgetauscht hat? Haben Sie sich bei einer Verspätung Ihres Partners niemals darüber Gedanken gemacht, ob er sich währenddessen nicht gerade in galanter Gesellschaft befindet? Haben Sie sich niemals Gedanken über seine Treue gemacht, nicht einmal flüchtig darüber nachgedacht? Wenn Sie all diese Fragen verneinen können, sind Sie tatsächlich kein eifersüchtiger Typ und allen Ernstes beneidenswert, weil Sie sich einen Haufen Qual und Pein sparen.

1. Ist Liebe ohne Eifersucht möglich?

Viele behaupten, daß Liebe zwangsläufig eifersüchtig mache. Ist das richtig oder falsch? In dieser Diskussion gibt es keine endgültigen Antworten. Wir können hingegen davon ausgehen, daß Eifersucht im Gegensatz zu Liebe nicht glücklich macht. Die wirklich Eifersüchtigen leben in einer permanenten Angst vor Verrat. Einige lassen sich ihre quälenden Gefühle anmerken, andere nicht, aber sie alle verdächtigen in einem fort ihren Partner, wobei sie ihrer Phantasie freien Lauf lassen. Solches Verhalten grenzt mitunter an Besessenheit, und man könnte sich fragen, ob es sich bei dieser Form von Eifersucht nicht um eine Krankheit handelt. Statt dem Paar Halt zu geben, hat die Eifersucht dann zerstörerische Auswirkungen auf die Beziehung.

Eifersüchteleien können schnell auch mal zu Szenen führen. Sie sind jedoch häufig ohne Bedeutung und in dieser Konstellation eher eine Art Liebesbeweis: Die Eifersucht zeugt davon, daß man an dem anderen hängt. Wenige Worte und zärtliche Gesten genügen, um jegliche Bedenken aus dem Weg zu räumen. Eifersucht bekommt dann einen unguten Beigeschmack und entpuppt sich als echte Gefahr für das Paar, wenn sie einen der beiden dazu treibt, alles Tun und Lassen des anderen zu überwachen: wenn Sie ihn ohne Voranmeldung mehrmals pro Woche an seinem Arbeitsplatz abholen und dabei behaupten: „Ich bin gerade zufällig hier vorbeigekommen..." oder wenn Sie den anderen anrufen, um ihm mitzuteilen, daß Sie ihn nicht am Bahnhof werden abholen können, obwohl Sie genau wissen, daß Sie an Ort und Stelle sein werden... Wem würde ein solches Verhalten nicht auf die Nerven gehen? Jedem, und erst recht, wenn Sie sich zu Beginn Ihrer Beziehung und in den ersten Monaten und Jahren Ihres Zusammenlebens völlig anders verhalten haben. Wer empfände nicht dieses unangenehme Gefühl, ausspioniert zu werden? Und wem würde diese Spioniererei nicht unerträglich sein?

Es ist durchaus normal, dem anderen Fragen zu stellen. Es zeugt von Ihrem Interesse für Ihren Partner, wenn Sie sich bei ihm über seinen Tagesablauf erkundigen, aber das Ganze darf nicht zu einem systematischen Verhör ausarten, das gleichsam inquisitorische Züge annimmt.

2. Die Freiheit des anderen respektieren

Jeder Mensch hat so etwas wie seine ganz intime Privatsphäre. Es bringt überhaupt nichts, in die geheimen Gefilde Ihres Partners eindringen zu wollen, selbst wenn Verlustängste der Motor für Ihre Einmischungen sind. Sie laufen höchstens Gefahr, das Gegenteil zu erreichen.

❀ **Eine goldene Regel:**
Trotz Ihrer Eifersucht sollten sie versuchen, das Stück Freiheit zu respektieren, welches Ihrem Partner zusteht.

Je größer die Eifersucht, desto mehr verengt sich der Freiraum des anderen. Achtung, Sie dürfen bei Ihrem Partner keine Erstickungsgefühle auslösen! Wenn es auch noch so schwierig ist, seine Eifersucht in Bann zu halten, man kann zumindest versuchen, die äußeren Anzeichen abzuschwächen.

Selbstverständlich impliziert Eifersucht auch die Bitte und den innigen Wunsch, von dem „vermeintlich" Untreuen aller Zweifel enthoben zu werden. Das permanente Bedürfnis nach Liebesbekundungen gehört zum gleichen Register. Dabei können ewige Wiederholungen und Versicherungen dazu führen, daß die Worte ihre Ausdruckskraft verlieren und zu automatischen, sprich künstlichen Redewendungen werden. Dann haben sie keinerlei Sinn mehr, und Eifersuchtsszenen sind zu nichts mehr nutze. Sie sorgen nicht mehr für ein frisches Auflodern der Liebe und verfehlen ihr Ziel, dem anderen zu zeigen, wie sehr man an ihm hängt. Zusätzliche Probleme gibt es, weil man den Partner zu Erklärungen drängt, die er zumindest in diesem Zeitpunkt nicht zu geben bereit ist.

Wissen Sie eigentlich, daß unbegründete Eifersucht den anderen dazu bringen kann, untreu zu werden?

3. Unnütze Provokationen

Er (oder sie) weiß ja Bescheid, könnte aber Lust bekommen, zu testen, auf was Sie überhaupt anspielen. Es gibt wirklich unnütze Provokationen. Und Eifersucht löst sie geradezu zwangsläufig aus.

Wenn Sie abends zusammen ausgehen, wäre es doch mehr

als unangebracht, Ihren Partner ständig zu belauern und ihn zu allem Überfluß vor versammelter Mannschaft zu fragen, was er denn in den vergangenen letzten Minuten gemacht hat. Sie würden ihn beleidigen und das Risiko eingehen, in den Augen der anderen als lächerlich zu erscheinen.

Genauso ungeschickt wäre es, unbedingt das Gesprächsthema Ihres Partners und seiner engen Freunde in Erfahrung bringen zu wollen, sie womöglich zu unterbrechen und sich in die Diskussion einzumischen. Man würde Ihnen Ihr Verhalten nur schwer verzeihen. Schlimmer noch: Nach und nach könnten Sie von diesen Abenden ausgeschlossen werden.

Wenn man nicht aufpaßt, wird die Eifersucht bedrängend und erstickt die Beziehung. Stimulierend wirkt sie auf jene, die ihrem Partner gegenüber nur Verliebtheit empfinden, wenn sie ihn verdächtigen können, möglicherweise untreu zu sein. Liebe in gegenseitigem Vertrauen – das, was das Glück so zahlreicher Paare ausmacht – erscheint ihnen platt und farblos. So wie damals, als sie Kinder waren und sich systematisch auf jene Spielzeuge stürzten, für die sich gerade andere Kinder interessierten.

❀ **Eine goldene Regel:**
Erzählen Sie Ihrem Partner nicht zu häufig, daß Sie das Schlimmste befürchten, weil Ihnen auffällt, mit wieviel Lust und Begierde Dritte ihn betrachten.

Es wird viel von Eifersuchtsdramen gesprochen. Ohne gleich an Mord zu denken, wird doch deutlich, daß Eifersucht für viele übersteigerte Reaktionen verantwortlich ist. Außerdem macht sie beide Partner unglücklich: den Eifersüchtigen und sein Opfer.

♥

Wenn Liebe eifersüchtig macht, gibt es nur einen Weg, die Beziehung nicht den daraus resultierenden Gefahren auszusetzen: Nehmen Sie sich zusammen, damit Sie die äußeren Anzeichen Ihrer Eifersucht in Grenzen halten können. Es dürfte sich lohnen!

Kapitel 17

Wenn das Berufsleben überhand nimmt

Die weibliche Version:

Sie: Guten Abend. Wie war dein Tag?

Er: Gut, danke.

Sie: Hast du das Problem aus dem Weg geschafft, von dem du mir gestern erzählt hast?

Er: Nein

Sie: Warum? Was ist passiert?

Er: Nichts … Alles beim Alten …

Die männliche Version:

Er: Guten Abend. Hattest du einen guten Tag?

Sie: Im großen und ganzen ja. Aber weißt du, die Praktikantin, die für den ganzen Monat kommen sollte, hat sich heute einfach nicht vorgestellt und hat nicht mal angerufen. Es ist unfaßbar. Ich hab's dir ja gesagt letzte Woche. Irgendwie hatte ich im Gefühl, daß es ihr an Motivation mangelt.

Er: Ihr werdet schon eine andere finden.

Sie: Glaubst du, das ist so einfach? In der Zwischenzeit muß ich mir all die Arbeit zusätzlich aufhalsen.

Er: Ist doch nicht so schlimm …

Sie: Natürlich ist das schlimm!

Er: Warte mal, ich würde mir gerne gerade die Nachrichten im Fernsehen anschauen …

♥

Wir haben bereits darüber gesprochen, wie unterschiedlich Männer und Frauen über ihre Arbeit sprechen, wenn sie abends nach Hause kommen. Wir haben auch versucht, diese unterschiedlichen Reaktionen zu erklären. Dabei muß bedacht werden, daß sie sich nicht in gleicher Weise in ihr Berufsleben einbringen. Ob als Arbeiter oder als höhere Angestellte, Männer und Frauen legen einfach nicht die gleichen Verhaltensweisen an den Tag.

Trotzdem haben sie durchaus gemeinsame Motivationen fürs Arbeiten:

- die Notwendigkeit eines Gehalts,
- das intellektuelle Bedürfnis, zu arbeiten, um sich eine gewisse Freiheit zu verschaffen,
- die Lust, am aktiven Leben teilzuhaben.

In der Vergangenheit ist es immer so gewesen, daß dem Mann die Rolle zufiel, für den Unterhalt zu sorgen, während sich die Frau um Haus und Kinder kümmerte. Heutzutage hat sich die Situation anders entwickelt. Wenn – aus Notwendigkeit oder freier Entscheidung – beide Partner arbeiten, haben sie doch eine unterschiedliche Wahrnehmung ihres Berufslebens. Das ist einer der Gründe, warum beide auch nicht in der gleichen Weise darüber sprechen.

1. Bevorzugte Gesprächspartner

Um ihre Qualitäten unter Beweis zu stellen, müssen Frauen härter „ranklotzen" als Männer, ganz einfach, weil die Arbeitswelt immer noch von männlichen Prinzipien bestimmt ist. Das gilt so ziemlich für alle Berufe. Hier ist der Grund dafür zu suchen, wieso sie ein starkes Bedürfnis haben, mit ihren Lebenspartnern über ihre Erfolge und Probleme zu reden.

Die berufliche Aktivität ist für den Mann nach wie vor etwas Normales und ist Teil seines Lebens. Wenn er über seine Erfolge oder Sorgen spricht, tut er das vorzugsweise mit einem anderen Mann. Als wäre die Frau, trotz aller Veränderungen der letzten Jahre, nicht fähig, ihn zu verstehen.

> ❀ **Eine goldene Regel:**
> **Seien Sie nicht beleidigt, wenn Ihr Partner seine beruflichen Sorgen Freunden anvertraut, hingegen mit Ihnen niemals darüber spricht.**

Das bedeutet nicht unbedingt, daß er Sie für unfähig hält, ihn zu verstehen. Vielleicht will er Sie in Ihren Momenten der Zweisamkeit nicht mit seinen eigenen Problemen belästigen. Vielleicht denkt er auch, daß Sie ihm einfach nicht helfen können, weil Ihnen seine Arbeit total fremd ist oder weil er sie aus Liebe (!) für zu parteiisch hält.

Wenn beide einer Arbeit nachgehen, die sie mögen – und das ist leider nicht immer der Fall – , können Diskussionen über das Berufsleben sowohl stabilisierende und festigende als auch negative Auswirkungen auf das Paar haben. Die Arbeit stärkt eine Beziehung, wenn sie beiden Partnern ermöglicht, sich zu entfalten und sich ihrer Persönlichkeit entsprechend wohl zu fühlen.

Die Arbeit wird dann zur Bedrohung, wenn sie zu stark auf das Leben des Paares übergreift und keine Zeit mehr bleibt für Momente der Zweisamkeit. Wenn beide Partner immer seltener in aller Intimität zu zweit zusammensitzen und einer der beiden Partner nur mehr über die Arbeit redet, droht die Situation gefährlich zu werden. Es ist kein Raum mehr für einen echten Austausch. Auch wenn der andere zuhört, kommentiert und eventuell Ratschläge gibt, so entwickelt sich doch eine Art Monolog. Vermeiden Sie es, in eine solche Spirale zu geraten.

2. Auch über andere Dinge sprechen können

Sprechen Sie nicht ausschließlich über die Arbeit, sonst wird es keinen echten Austausch mehr zwischen Ihnen geben. Wenn Ihr Partner ständig über seine beruflichen Probleme spricht, Ihnen hingegen unter irgendwelchen Vorwänden nie zuhört, wird es Zeit, Ihrem Partner zu signalisieren, daß selbst Ihr guter Wille und Ihre Geduld Grenzen kennen. Erklären Sie ihm, daß auch Sie ab und zu etwas loswerden wollen und um Rat fragen möchten. Zeigen Sie ihm, daß die Arbeit wohl einen großen Teil Ihres Lebens einnimmt, die verbleibende Zeit jedoch anderen Dingen gewidmet werden sollte. Sie existieren genauso wie sein Chef und sind nicht bereit, vor ihm zurückzutreten.

Wenn man sich entschieden hat, sein Leben gemeinsam zu führen, ist es nicht normal, ganze Abende, Samstage und Sonntage der Arbeit zu widmen. Da mag die Arbeit noch so interessant sein. Sagt man nicht: „Alles hat seine Zeit?"

❀ **Eine goldene Regel:**

Unabhängig von Ihrer Position in der Firma sollten Sie Ihre Arbeit so organisieren, daß sie nicht den Rest Ihres Lebens zerstört.

Langfristig besteht die Gefahr, daß Ihr Partner die Nase voll hat, Sie ständig Ihre Arbeit vorziehen zu sehen.

3. Spät arbeiten oder nach Hause kommen

Manche behaupten, daß Männer und Frauen, die länger als nötig im Büro bleiben, im Grunde keine Lust haben, nach Hause zu kommen. Wenn das auf Ihren Partner zutrifft, warum stellen Sie nicht einfach die Frage? Was könnte denn seiner Lust, nach Hause zu kommen, neuen Aufschwung geben? Haben Sie ihm (oder ihr) nie gesagt, daß Ihnen das Warten abends lang erscheint? Daß Sie ihn (oder sie) gegen Abend vermissen? Zärtliche Worte haben oft eine sehr motivierende Wirkung.

Wie wäre es, wenn Sie ihn (oder sie) ab und zu anriefen, um ihm (oder ihr) zu sagen, daß Sie ihn (oder sie) vermissen. Es trifft natürlich auch hier zu, daß Männer und Frauen diese Art Erklärungen unterschiedlich aufnehmen. Obwohl … Nicht weil einer anders auf diese kurzen Liebesbotschaften reagiert, empfindet er ihnen gegenüber Gleichgültigkeit. Wenn Sie von der Lust gepackt werden, Ihren Partner anzurufen, um ihm ganz einfach zu sagen: „Ich liebe dich", regen Sie sich nicht auf, wenn die Leitung besetzt ist oder die Telefonzentrale Ihnen mitteilt, daß man ihn nicht erreichen kann. Umgekehrt könnte Ihrem Partner das genauso passieren.

4. Schluß mit dem Trott!

Nicht weil uns unser Berufsleben in eine andere Welt führt, die dem anderen unzugänglich erscheint, müssen wir diesen Teil unserer Existenz übermäßig auf unser Privatleben abfärben lassen und uns mit Haut und Haar davon auffressen lassen. Die Franzosen haben eine sehr treffende Bezeichnung für den alltäglichen Trott: métro – boulot – dodo, das heißt soviel wie U-Bahn – Maloche – und ab in die Falle. Der Fall ist klar: So geht wirklich jede Liebe zugrunde.

Wenn Sie Ihrer Partnerschaft eine langfristige Zukunft wünschen, schützen Sie Ihre Momente trauter Zweisamkeit. Sie können durchaus auf Fragen über Ihren Arbeitstag eingehen, aber haben und bekunden Sie andererseits Ihren festen Willen, den Beruf am Hauseingang zeitweilig „an den Nagel zu hängen", um sich Ihrem geliebten Partner zu widmen.

Zwischen Arbeit und Bettzeit gibt es einige kostbare Stunden, die es Ihnen ermöglichen, sich wieder aufeinander einzustellen, miteinander zu kommunizieren, damit Ihr Leben zu zweit niemals an Qualität verliert.

Kapitel 18

Mattscheibe

Die männliche/weibliche Version:

Sie: Meinst du nicht, wir könnten heute abend zusammen Essen gehen?

Er: Wir waren doch gerade letzten Samstag im Restaurant.

Sie: Ich hab' einfach Lust auf Tapetenwechsel.

Er: Ich seh' nicht, was das bringt, zu zweit ins Restaurant ...

Sie: Vielleicht hast du ja recht. Aber ich hab' trotzdem Lust drauf. Ich verstehe ja, daß du kaputt bist. Und wenn du mir trotzdem einen Gefällen tätest?

Er: Und wenn du mir einen Gefallen tätest, indem du akzeptierst, zu Hause zu bleiben?

Sie: Wie du willst ... Aber ich habe wirklich den Eindruck, daß wir überhaupt nicht mehr zusammenleben, daß wir uns nicht mal mehr anschauen. Liebst du mich denn wenigstens?

Er: Natürlich!

Sie: Vielleicht. Weißt du, manchmal komme ich ins Zweifeln.

Er: Hör doch auf, dir so blödsinnige Fragen zu stellen ...

♥

Im Leben eines Paares gibt es immer mal wieder Leerläufe, und in diesen Phasen fühlen sich beide Partner einander fremd. Aber solche Momente der Zwietracht oder Entzweiung entsprechen nicht unbedingt einem Mangel an Liebe und implizieren nicht zwangsläufig die Trennung. Es gibt einfach Zeiten, in denen man weniger miteinander übereinstimmt, und das Zusammenleben nicht von Harmonie gekennzeichnet wird. Die Beziehung ist dann nicht mehr perfekt. Nur wenigen Paaren gelingt es, solchen „Auszeiten" zu entgehen, in denen man einander überdrüssig ist.

1. Die Phasen des Zweifelns

Auch solche Paare, die im ewigen Glück zu schweben scheinen, kennen Phasen des Zweifelns.

> ❀ **Eine goldene Regel:**
> **Wenn auch Sie ins Zweifeln geraten, denken Sie nicht sofort an Trennung oder Scheidung.**

Wenn Sie sofort mit massivem Pessimismus reagieren, nehmen Sie Ihrer Partnerschaft alle Chancen zur „Wiederauferstehung". Sie haben den Eindruck, mit Ihrem Partner nicht mehr auf der gleichen Wellenlänge zu sein. Sie kennen sich zu gut, und Sie lieben sich zu schlecht. Das ist zwar bedenklich, aber vielleicht doch wieder rückgängig zu machen. Derartige Gemütsverfassungen tauchen in der Regel erst nach einigen Jahren festen Zusammenlebens auf. Manchmal kommt es auch schon früher zu einem Aufschrei der Seele, einhergehend mit dem seltsamen Gefühl, den falschen Partner gewählt und Monate oder Jahre seines Lebens vergeudet zu haben. Ab und zu haben Sie sich Ihren Partner auch schon „zurechtgeträumt". Vielleicht nicht ganz so, wie wir es in dem Kapitel *„Vorher – Nachher"* beschrieben haben; aber Sie haben sich Ihren Partner ausgemalt, wie er Gegner attackiert, sämtlichen Hindernissen und Anfechtungen trotzt. Und dann ist nach und nach Ihr Traum zerbröckelt.

Oder Ihnen war umgekehrt bewußt, wie wenig Neigung zur Selbstverteidung Ihr Partner hat. Und das hat sie gerührt. Heute haben Sie kein Verständnis mehr für sein passives Verhalten. Was ist passiert? Wer ist schuld? Ihr Partner, weil er nicht Ihren Erwartungen entspricht? Oder Sie, weil Sie ihn auf einen zu hohen Sockel gestellt oder nicht verstanden haben, ihm Mut zuzusprechen und ihn zu unterstützen?

2. Die entscheidende Frage

Wenn Sie nur eine Frage stellen könnten, lautete diese: „Liebe ich ihn (oder sie) noch?" Es ist fundamental, sich darüber Gedanken zu machen, ob man dem anderen auch weiterhin verbunden ist und mit ihm zusammenbleiben will.

Wenn Ihre Antwort „Nein" lautet, lieben Sie Ihren Partner nicht mehr, und die Sache ist abgehakt. Wenn Ihre Antwort heißt: „Ich weiß es nicht", wird es höchste Zeit, Bilanz zu ziehen, um in Ihrem Gefühlsleben ein bißchen klar zu sehen. Wenn Sie „Ja" antworten, ist sichergestellt, daß Sie nach Lösungen für einen Neubeginn suchen werden, und Ihr Stimmungstief kann dann sogar sehr positive Auswirkungen auf Ihre Zweierbeziehung haben.

So viele Fragen Sie sich auch stellen, sie finden keinen faßbaren Grund dafür, warum Sie die Nase so voll haben. Es ist einfach so. Ihre Beziehung erscheint Ihnen farblos. Die Flamme Ihrer Liebe wird immer schwächer. Warum versuchen Sie nicht, den Funken wieder überspringen zu lassen? „Einverstanden", werden Sie sagen, „Aber wie?"

Zunächst müssen Sie herausbekommen, wieso Sie es nicht geschafft haben, die Flamme oder das Licht in Ihrer

Beziehung aufrechtzuerhalten. Es darf als sicher angenommen werden, daß Sie, einer wie der andere, der Routine verfallen sind. Das geht schneller als gedacht, aber wie gefährlich ist es auch! Alles lief so gut. Sie haben sich gefühlt wie zwei schnurrende Katzen, und urplötzlich geht Ihnen diese langweilige Gemütlichkeit auf die Nerven. Sie haben Lust auf etwas anderes, aber Sie wissen nicht, worauf. Genau das müssen Sie jedoch jetzt herausfinden.

Sie müssen mit sich ins klare kommen und erspüren oder begreifen, wie Sie Ihr Leben gestalten möchten. Es gibt mehre Orientierungsmöglichkeiten, und Sie sollten wählen, ohne alles über den Haufen zu werfen. Versuchen Sie nicht, von heute auf morgen alles umzukrempeln – sich selbst inbegriffen. Die Begründung, Ihre Paarbeziehung frisch beleben zu wollen und Ihre Lust aufeinander neu zu stimulieren, ist nicht stichhaltig. Sie brauchen Geduld und müssen schrittweise vorgehen. Brutale Veränderungen könnten vor den Kopf stoßen.

Halten Sie an Ihrem Glauben fest, daß alles neu beginnen kann. Die Frage ist nur: „Wie?"

Untersuchen Sie zunächst, was in Ihrer Beziehung nicht mehr stimmt; was sich verändert hat, und achten Sie besonders darauf, wo es stagniert. Hören Sie damit auf, sich Ihre Existenz anders zu erträumen. Wenn Sie es zu keiner Katastrophe kommen lassen wollen, wird es höchste Zeit, etwas zu tun.

Wenn es mit Ihrer Beziehung so weit den Berg herabgegangen ist, dann wahrscheinlich, weil Sie nicht in der Lage gewesen sind, miteinander zu kommunizieren. Deswegen bringt es jetzt auch nichts, Ihnen den Rat zu geben, mit Ihrem Partner zu reden.

Geben Sie nur zu, daß in Ihnen eine Lust nach *Neuem* vibriert. Statt dieses *Neue* mit einem anderen zu suchen, warum schlagen Sie Ihrem Partner nicht einfach ein Wochenende vor, das anders werden soll, als die, die Sie sonst miteinander verbringen. Selbst wenn Sie über keine großen finanziellen Mittel verfügen, wird Ihnen bestimmt eine Idee kommen… ein *bed and breakfast* auf dem Land oder ein Haus, das Freunde bereit sind, Ihnen zur Verfügung zu stellen, ein bißchen Musik, eine plötzliche Lust zu tanzen. Gerade, wenn Sie den Eindruck haben, auf nichts mehr Lust zu haben, sollten Sie jetzt keine Mühe scheuen. Das ist der Preis, den Sie zahlen müssen, wenn Ihnen wirklich noch am anderen liegt. Und bitte keine Vorwände, um alles beim Alten belassen zu können („Ich muß noch meinen ganzen Papierkram erledigen" oder „Wie soll ich denn die ganze Bügelwäsche schaffen, wenn wir jetzt ausgehen?" Vielleicht sind diese vorgeschobenen Alibis für Ihre Beziehungskrise mitverantwortlich.

3. Den anderen in Erstaunen versetzen

Verblüffen Sie Ihren Partner, überraschen Sie ihn, aber ohne zu brüsk zu werden. Sonst fragt er sich, was mit Ihnen los ist und fühlt sich völlig überrannt. Eine „Rezeptur", die allen Paaren entsprechen würde, gibt es in dieser Domäne leider nicht.

Ihrer Beziehung und Ihrem Temperament gemäß werden Sie die passenden Heilkräuter, die Würze finden, die Ihren langweilig gewordenen Alltag wieder belebt; vorausgesetzt, das ist Ihr aufrichtiger Wunsch.

Bedingung ist, wie gesagt, daß Sie die Veränderung wirklich wollen. Das sei hier noch einmal betont, weil es der springende Punkt ist, über den sich beide einig sein müssen. Das ist das Schwierigste. Selbst wenn Sie also seit einiger Zeit das Gefühl haben, Sie und Ihr Partner leben aneinander vorbei und sehen sich immer seltener, ist genau jetzt der Moment gekommen, sich mit Ihrem Partner auszusprechen.

Eines ist sicher: Sie dürfen und können nicht länger Trübsal blasen und darüber nachdenken, daß Sie im Begriff sind, Ihr Leben zu zweit – und erst recht Ihr eigenes – zu verpatzen. Reagieren Sie! Provozieren Sie eine Auseinandersetzung unter vier Augen! Setzen Sie alles auf diese Gelegenheit! Sagen Sie ihr (oder ihm), daß Sie sie (oder ihn) lieben, aber daß Sie so nicht weiterleben möchten, daß Sie Veränderung brauchen. Das ist keine leichte Sache, insbesondere wenn man sich abgewöhnt hat, miteinander zu kommunizieren. Wagen Sie den Sprung ins kalte Wasser: „Was ist nur mit uns los?" Gewiß werden Sie zur Antwort bekommen: „Na, nichts, was hast du?" Auch wenn Sie den Eindruck haben, sich ungeschickt anzustellen, erklären Sie Ihr Seelentief, vermitteln Sie Ihr Bedürfnis nach einem anderen Leben. Im Prinzip werden Sie an den Reaktionen Ihres Partners ablesen können, ob er ähnliche Empfindungen hat wie Sie. Wenn ja, schaffen Sie es vielleicht, gemeinsam ein neues Leben zu konstruieren. Provozieren hilft mitunter, bestimmte Übel mitsamt Wurzel auszureißen.

Komplizierter wird es, wenn sich Ihr Partner in dieser Existenz wohlig eingerichtet hat und nichts verändern möchte. Um „durchzustehen", brauchen Sie außer Liebe und Geduld auch neue Interessensgebiete und müssen sich neue Aktivitäten suchen. Aber geben Sie sich nicht zu vielen Illusionen hin: Sie können sehr wohl zu zweit unter dem gleichen Dach und trotzdem nicht zusammen wohnen.

4. Wenn gar nichts mehr geht ...

So geht's eben mit den Partnerschaften. Manche Paare gehen auseinander. Leider! Auch darüber müssen wir sprechen: Trennungen sind Realität. Es gibt wiederum keine Geheimmittel für „gelungene" Trennungen. Lassen Sie uns dennoch einige Grundregeln aufstellen, um sie weniger schmerzlich zu gestalten.

❀ **Eine goldene Regel:**
Wenn Sie sich sowieso zu einer Trennung durchgerungen haben, vermeiden Sie überflüssige Szenen.

Wenn man sich liebt, sind Beziehungskräche und Szenen manchmal von heilsamer Wirkung; es ist jedoch von Szenen abzuraten, wenn man sich trennen will. Worte haben nicht mehr die gleiche Wirkung, sie verletzen zutiefst, und keiner hat im Grunde noch Lust, dem anderen zu vergeben. Wenn Sie sich schon nicht mehr lieben, versuchen Sie zumindest, sich weiterhin zu respektieren.

Alle getrennt lebenden oder geschiedenen Paare werden Ihnen bestätigen, daß ihnen die Entscheidung zur Trennung nicht leicht gefallen ist. Für alle bleibt es ein schmerzhafter Moment in ihrem Leben, auch wenn das Leben vor der Trennung unerträglich geworden war. Wenn man für den Menschen, mit dem man Monate oder Jahre zusammengelebt hat, auch nach der Trennung freundschaftliche Gefühle oder Zärtlichkeit bewahren kann, fällt es einem oft leichter, sich neu zu orientieren und ein neues Leben aufzubauen.

Das ist der Grund, wieso man Szenen, böse Worte, nicht wieder gutzumachende Bemerkungen und gemeine Unterstellungen so gut es geht vermeiden sollte. Sie lieben sich nicht mehr, Sie können nicht mehr länger zusammenleben, Sie ertragen sich nicht mehr. Die Gründe seien dahingestellt. Tun Sie all Ihr Möglichstes, um Abstand zu gewinnen, komplizieren Sie die Situation nicht! Nehmen Sie sich vor, Beschimpfungen und Anschuldigungen aus Ihrer Beziehung herauszuhalten! Und wenn Sie eh nicht länger unter einem Dach wohnen wollen, brauchen Sie auch nicht länger auf Beziehungen, die ihr Ex-Partner mit dem anderen Geschlecht unterhält, eifersüchtig zu sein.

> ❀ **Eine goldene Regel:**
> **Wie schwierig diese Situation auch immer sein mag, es ist wichtig, sich klarzumachen, daß die Schuld niemals auf einer einzigen Seite zu suchen ist.**

Vor allem wenn Sie Kinder haben, sollten Sie deren Bild von Papa oder Mama nicht anschwärzen. Helfen Sie, die kindliche Liebe für den anderen Elternteil unversehrt zu lassen! Ob jetzt oder später, auf alle Fälle werden Ihre Kinder es Ihnen danken.

Ihre Vorwürfe gehen die Kinder nichts an. Sie sind nicht dafür verantwortlich.

Was Sie anbelangt, behalten Sie im Hinterkopf, daß Ihr ehemaliger Lebenspartner nach einiger Zeit zu einem Freund werden kann. Das wird Ihnen dabei helfen, mit der Trennung oder der Scheidung umzugehen.

Niemand wird verneinen, daß eine solche Situation Katastrophencharakter hat. Es bringt also nichts, die Sache noch schlimmer zu machen. Wenn auch der andere versucht, alles noch dramatischer zu machen, versuchen Sie, zu beschwichtigen. Wenn einer von beiden kriegerische Ausbrüche bewußt zu vermeiden versucht, stehen die Chancen für einen ehrbaren Friedensabschluß gar nicht so schlecht. Jeder zieht sich in seiner Lager zurück, und wer weiß, ob Sie nicht morgen in der Lage sind, ein Wiedersehen mit Freuden zu genießen und von den guten alten Zeiten zu erzählen.

Schlußwort

Von der Fähigkeit zu lieben

Das ganze Buch über haben wir gesehen, daß Paare zahlreichen Hindernissen gegenübertreten müssen. Genau da liegt ja ihre Stärke.

Wir dürfen nicht vergessen, daß es ganz zu Anfang, bei Adam und Eva, mit der Liebe schon schlecht losging. Nachdem Mann und Frau sich gefunden hatten, mußten sie umgehend das Paradies verlassen! Und seit dieser Zeit befinden sich berühmte wie auch anonyme Paare auf der Suche nach dem verlorenen Garten Eden. Einige nähern sich dem Ziel, andere scheitern.

Jede dritte Ehe wird heutezutage geschieden. Vielleicht, weil eine Trennung nicht mehr die gleiche Bedeutung hat wie früher und man nicht mehr mit dem Finger auf die Betroffenen weist. Vielleicht auch, weil das Leben heutzutage einfach nicht mehr dazu geeignet ist, eine harmonische Beziehung aufzubauen. Die von unserer Gesellschaft produzierten individuellen Ängste nehmen dem Paar die Heiterkeit und Ausgeglichenheit, die es zu seiner Entfaltung braucht. Vielleicht auch, weil einige Menschen überzeugt sind, daß die Ehe die Liebe tötet.

Das ist noch lange kein Grund, sich dem Pessimismus anheimzugeben. Im Gegenteil! Wir würden auf große Freuden verzichten, wenn wir aus Angst vor dem Leben zu zweit Junggesellen blieben, wenn wir vor jeder Versuchung, unsere Existenz an die eines anderen Menschen zu binden, flüchteten. Wer aus Angst vor Leid nicht liebt, weigert sich, geliebt zu werden. Gott sei Dank gibt es nach wie vor verheiratete wie unverheiratete Paare, die eine glückliche Beziehung führen.

Beobachten Sie beispielsweise den Blick von Paaren, die die Chance haben, ihre Goldene Hochzeit zu feiern. Fünfzig Jahre gemeinsamen Lebens und ein sternenes Blinkern in den Augen. Hören Sie gut zu, wenn sie von ihren Erinnerungen erzählen, die übrigens nicht alle rosig sind! Diese „alten" Paare werden von guten und schlechten Momenten berichten. Aber gerade die schwierigen Zeiten erfüllen sie mitunter mit einem besonderen Stolz, und sie erinnern sich mit besonderer Zärtlichkeit daran. Das liegt ganz einfach daran, daß sie diesen Krisenzeiten widerstanden haben, sie gemeinsam – sich gegenseitig eine stützende Schulter bietend – mit einem festen Glauben an die Zukunft durchlebt haben.

Natürlich werden diese „goldenen" Paare auch von den glücklichen Momenten berichten, aber allem Anschein nach haben sie nicht den gleichen Stellenwert, weil man sie sich nicht hat erkämpfen müssen.

Fünfzig Jahre gemeinsamen Lebens! Was braucht man nicht an Geduld, Verständnis und Zugeständnissen, um es so weit zu bringen! Was braucht man nicht an Liebe, gegenseitigem Einverständnis, Worten, aber auch Momenten des Schweigens, um sich auch nach so vielen Jahren noch die Hand reichen und Seite an Seite altern zu wollen!

Und wie sieht ihre Rezeptur für eine glückliche Partnerschaft aus?

Einmal abgesehen von ihrer Gesundheit, die ihnen ein langes Leben geschenkt hat. Eine Mixtur dessen, was wir eben erwähnt haben. Hinzu kommen noch einige Körnchen Weisheit, Phantasie, einige Wutanfälle und viel Humor, damit die Liebe ohne Abnutzung reifen kann. Einige Tröpfchen Toleranz gehören auch dazu sowie ein bißchen Frechsein, damit das Verliebte im Blick erhalten bleibt. Diese Paare haben gelernt, einander zu kennen, sich zu erahnen, aber auch, sich immer wieder in Erstaunen zu versetzen.

Es ist ihnen gelungen, sich nicht gegenseitig einzusperren, nicht zu viele Fragen zu stellen, auch wenn die Lust, alles zu wissen, groß war. **Sie haben die Liebe nach der Leidenschaft entdeckt und die Zärtlichkeit nach der Liebe.** Jeder hat dem anderen ganz nach dessen Geschmack Freiraum gegeben und das Geschehen lediglich mit dem Herzen aus der Ferne beobachtet. Keiner hat ständig nach Liebesbeweisen gesucht, und beide haben in einer Mischung aus Gewißheit und Unsicherheit zusammengelebt. Sie haben sich weder mehr noch weniger als andere geliebt, aber sie haben es offensichtlich besser gelernt, einander zu verstehen und sich zu vergeben.

Es lohnt sich, sie zu beobachten. Sie haben sich die Fähigkeit bewahrt, einander in Erstaunen zu versetzen und begegnen sich auch nach so vielen Jahren noch mit einer gegenseitigen Neugier.

Es lohnt sich, ihnen zuzuhören. Sie werden von kleinen und großen Miseren in ihrem Leben zu zweit berichten, aber sie werden es mit einer solchen Zärtlichkeit tun, daß Sie davon träumen werden, ihnen eines Tages zu ähneln...

Warum auch nicht? Alles ist möglich, man muß nur geben und nehmen können, d.h. man muß fähig sein, zu lieben.

Gisela Zeller-Steinbrich
Wenn Paare ohne Kinder bleiben
Seelische Entwicklungen – neue Perspektiven
Band 4372

Auch wenn kein Kind kommt, können ungeahnte Kräfte und positive Energien für wichtige Lebensaufgaben freigesetzt werden.

Anne C. Bernstein
Deine, meine und unsere Kinder
Die Patchworkfamilie als gelingendes Miteinander
Band 4178

Eine Ehe scheitert, eine neue Beziehung wächst – und die Kinder beider Partner? Konkrete Hilfen für ein entspanntes Familienklima.

Heidi Gidion
Was sie stark macht, was sie kränkt
Töchter und ihre Väter
Band 4225

Brauchen Töchter Väter? Und umgekehrt? Anhand konkreter Situationen und in Texten großer Autorinnen spürt Heidi Gidion den reichen Nuancen dieser Beziehung nach.

Marianne Arlt
Pubertät ist, wenn die Eltern schwierig werden
Tagebuch einer betroffenen Mutter
Mit einem Nachwort von Christine Swientek
Band 4100

Wenn Kinder „in die Jahre kommen", ist der Familienfrieden dahin. Marianne Arlt erzählt von heftigen Erfahrungen und wie man trotzdem ganz gut mit ihnen leben kann.

Marianne Arlt
Welt, ich komme!
Der Pubertät 2. Teil
Tagebuch einer entnervten Mutter
Band 4411

In der 2. Hälfte der Pubertät geht es erst richtig los. Da hilft nur eins: Raus mit den Kids! Denn draußen pulst das wahre Leben, hart, aber gerecht.